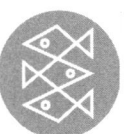

W0177853

Wer erinnert sich nicht mit Schrecken, Scham, aber auch mit Wehmut an die aufreibenden Jahre der Jugend? Als einem plötzlich Haare an den unmöglichsten Stellen wuchsen, man vor Verliebtheit fast platzte und die Eltern zum Inbegriff der Spießigkeit wurden. Als man weit hinaus in die Welt wollte, aber die Reise gleich hinter der nächsten Tankstelle endete. Da war das Tagebuch der einzige Vertraute.
Die besten wahren Geschichten kann man hier endlich nachlesen!

Ella Carina Werner wurde 1979 in Bad Oeynhausen geboren. Ihre Jugend war so trist, dass sie neben sieben Tagebüchern auch Hunderte von Gedichten schreiben konnte, von Balladen an die Liebe bis zur Ode auf den verstorbenen Dackel. Heute lebt sie als freie Autorin in Hamburg und schreibt u.a. für Titanic, taz und Missy. Im März 2012 erschien ihr erstes Buch ›Die mit dem Bauch tanzt‹. Sie erfand mit Nadine Wedel den Diary Slam, der monatlich in Hamburg stattfindet.

Nadine Wedel wurde 1982 in Donaueschingen geboren und hat seitdem fünf Tagebücher vollgeschrieben, immer mit dem Füllfederhalter aus der ersten Klasse. Noch heute ist sie davon überzeugt, dass ein Eintrag mit einem Kugelschreiber Unglück bringt. Inzwischen schreibt sie jedoch mehr am Computer: als Projektmanagerin in einem Hamburger Verlag. Sie erfand mit Ella Carina Werner den Diary Slam, der monatlich in Hamburg stattfindet.

Weitere Informationen, auch zu E-Book-Ausgaben, finden Sie bei www.fischerverlage.de

Ella Carina Werner
Nadine Wedel

Ich glaube, ich bin jetzt mit Nils zusammen ...

Das Beste aus wieder ausgegrabenen
Jugend-Tagebüchern

FISCHER Taschenbuch

Erschienen bei FISCHER Taschenbuch
Frankfurt am Main, Mai 2014

© S. Fischer Verlag GmbH, Frankfurt am Main 2014
Satz: Dörlemann Satz, Lemförde
Druck und Bindung: CPI books GmbH, Leck
Printed in Germany
ISBN 978-3-596-19863-4

Inhalt

Vorwort

Wer erinnert sich nicht mit Schrecken, Scham, aber auch mit Wehmut an die langen, aufreibenden Jahre der Jugend? Als einem plötzlich Haare an den unmöglichsten Stellen wuchsen und man vor Verliebtheit fast platzte. Als die Eltern zum Inbegriff der Spießigkeit wurden und jede Sportstunde zur Folter. Als man weit hinaus in die Welt wollte, aber die Reise gleich hinter der nächsten Tankstelle endete.

Aber auch, wenn man sich wieder mal vor der ganzen Schulklasse blamiert hatte oder morgens mit einem Monster-Pickel auf der Nase aufwachte, kurz: Wenn man dachte, dass das Leben grausam war und sich die ganze Welt gegen einen verschworen hatte, war da einer, der einen verstand. Einer, der nicht bescheuert war: Das Tagebuch – der Seelentröster, der Weggefährte, und, wie man manchmal dachte, der einzige echte Freund.

Hier wurde man allen Frust los, konnte so richtig die Sau rauslassen, den ganzen Weltschmerz, alle Triumphe und Träume in fliederfarbene Tinte ergießen. Im Tagebuch konnte man getrost den ersten Kuss etwas länger machen, die Abfuhr etwas milder, die Biermenge etwas größer. Weil es eh keiner lesen würde. Weil es nie, niemals irgendwer lesen sollte.

Ein Tagebuch ist wie ein guter Schinken: Eine Zeit lang abgehangen, gewinnt es an Reife. Und mit ein paar Jahren Distanz lässt es sich so richtig schön genießen. Deshalb ist das Tagebuch viel zu schade dafür, verlassen auf Dachböden und in Kellern vor sich hin zu modern.

Es muss raus aus der Schublade, rein ins Rampenlicht! Denn es hat alles, was ein guter Text braucht: Helden und Antihelden, wüste Plots und steile Pointen, Bösewichte und Sündenböcke, Liebesdramen, Tragödien, Happy Ends und jede Menge Identifikationspotential.

Als Leser verspürt man dieses angenehme Kribbeln, einzutauchen in fremde Gefühlswelten, die einem doch allzu oft vertraut vorkommen. Und man hat dabei das beruhigende Gefühl: Es ist vorüber.

Im Sommer 2011 haben wir den »Diary Slam« ins Leben gerufen, und damit die erste Tagebuch-Lesebühne Deutschlands. Einmal im Monat lesen in der Hamburger Eckkneipe »Aalhaus« unerschrockene Menschen öffentlich aus ihren Jugend-Tagebüchern – und das Publikum dankt es ihnen mit frenetischem Applaus. Im Stil eines klassischen Poetry Slams, moderiert durch den »Diary Slam Master«, treten die Vorleser gegeneinander an. Am Ende kürt eine Jury aus dem Publikum den Slam Champion des Abends.

Aus dem »Diary Slam« entstand die Idee, die schönsten, charmantesten, schrägsten Tagebucheinträge für ein Buch zusammenzutragen. Rund achtzig Beiträger, der Pubertät längst entwachsen, haben für diesen Sammelband ihre Tagebücher vom Dachboden der Eltern geholt, das Schloss aufgebrochen, den Staub von den Seiten gepustet und – vor allem – peinliche Erinnerungen beim Durchlesen für dieses Buch über sich ergehen lassen. Dafür können wir ihnen gar nicht genug danken. Viele von ihnen sind gestandene Diary-Slam-Vorleser, andere sind Tagebuch-Freaks aus allen Ecken Deutschlands, wieder andere wohnen bei uns einfach ums Eck, und auch sie konnten wir für dieses Buchprojekt begeistern.

Die Tagebucheinträge wurden nicht verändert, sondern lediglich gekürzt. Namen und Orte wurden verfremdet und ein Teil der Beiträge mit Pseudonymen versehen.

Da sämtliche Beiträger zwischen 1970 und 1990 geboren sind, ist dieses Buch zugleich ein Flashback in die späten Achtziger- und Neunzigerjahre, als man den ersten BH noch in DM bezahlte, als das geliebte Dosenbier noch pfandfrei war und Saddam Hussein der weltgrößte Schurke. Take That, Tequila, Tamagotchis – hier sind sie nochmal alle beisammen und sorgen beim Lesen für manch schlimme Déjà-vus. Wir wünschen viel Spaß dabei!

Ella Carina Werner & Nadine Wedel

Wer dieses Buch liest –
Erste Worte

Nadine, 12 Jahre, 1994

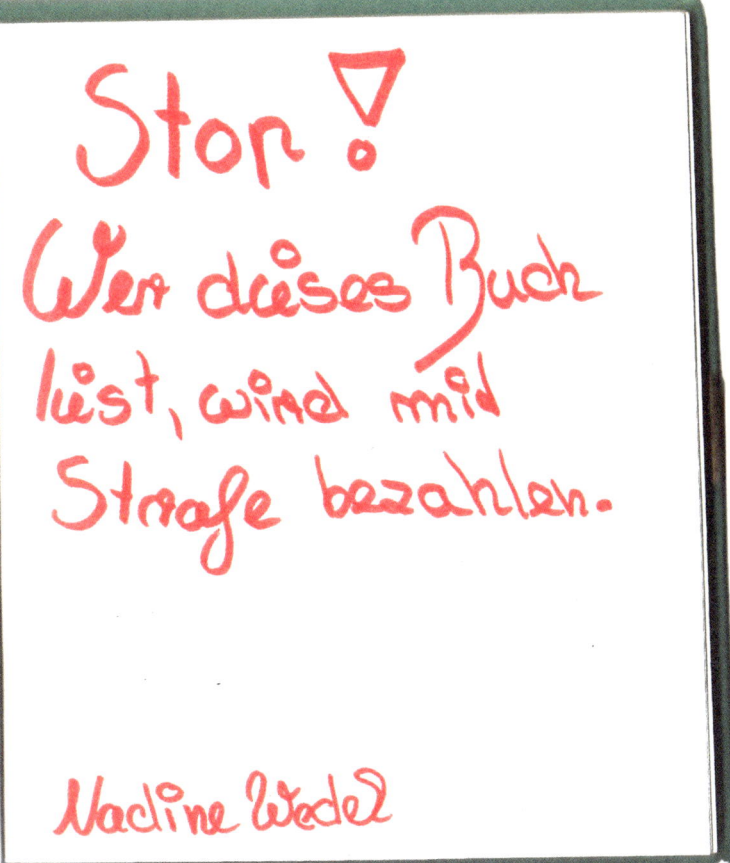

Ellen, 12 Jahre, 04. 06. 1991

Allmählich wird's mir mulmig. Wenn jemals einer dieses Buch findet! Ich verteidige es bis in mein Grab. Geschworen.

Saruschka, 14 Jahre, 29. 02. 2000

Ich hoffe, niemand wird jemals dieses Buch lesen. Er würde mich für verrückt halten (was ich vielleicht auch bin).

Wencke, 13 Jahre, 06. 06. 1986

Heute hatte ich einfach Lust, ein Tagebuch anzufangen. Ich werde dieses Buch nach meinem Vogel Benny nennen.

Sophia, 15 Jahre, 30. 11. 1995

Mein liebes Tagebuch! Nun schreibe ich Premiere in dieses Buch hinein. Ich bin wirklich gespannt, wie es in meinem Leben weitergehen wird! Und DU wirst mich die ganze Zeit begleiten und zu mir stehen. Ich werde mich bemühen, absolut nur die Wahrheit hier reinzuschreiben, und ich möchte mir selbst auch nichts vorspinnen.

Aline, 8 Jahre, 26. 12. 1995

Liebes Tagebuch, ich muss dir was sagen, daß du niemandem verraten darfst.

Saruschka, 13 Jahre, 20. 05. 1999

Liebes Tagebuch,
ich weiß wirklich nicht, wie oft ich schon versucht
habe dich täglich zu führen, und doch immer wieder Seiten rausgerissen habe!

Aline, 9 Jahre, 25. 05. 1996

Entschuldigung, daß ich solange nicht mehr
geschrieben habe, aber ich habe den Schlüssel
nicht mehr gefunden und jetzt mussten wir das
Tagebuch aufbrechen.

Nadine F., 14 Jahre

Sophia, 15 Jahre

15.7.

Ach, ich weiß nicht wie mir jetzt ist. Es ist so dämelich. Hier auf ███ bin ich so drauf aus, dass die Jungen + Männer mich sehr stark beachten. Mich bewundern. Einerseits gucken ja auch viele, aber sobald ich mal wieder so viel scheiß labere, geht jede reizende Stimmung abhanden.

Ich will KNUTSCHEN, jetzt sofort! – Liebesglut & Herzschmerz I

Silja, 15 Jahre, 23.05.1994
Meine Probleme kommen nur von Jungs.
.

Ellen, 15 Jahre, 23.05.1995
Es läuft voll geil mit ihm! Auch so streicheln, rummachen, Petting ...! Schade, daß ich mit ihm nicht so gut über Gefühle + Probleme reden kann (er hat von beidem nicht viel).

Martha, 15 Jahre, 11.01.1999
Ich finde dieses Buch zwar beknackt, aber ich muss mir meinen (Liebes)kummer von der Seele schreiben.

Alexandra W., 13 Jahre, 23.02.1988
Musik: Ärzte
Laune: 1A
Schwarm: eigentlich ziemlich viele!

Clara, 17 Jahre, 15.04.1997
Dieser Sommer ist sozusagen meine letzte Chance, oder ich ende als 18-jähriges unerfahrenes (fast, danke J.!) Mädchen! Papa hat mich letztens im Auto gefragt, ob mich die Jungs nicht so interessieren. Wenn der wüsste!

15

Hi! Ich bin irgendwie in Depri-Stimmung. Ich glaube, ich werde krank oder ich bekomme meine Tage. Wahrscheinlich bin ich so down, weil ich fast 16 bin u. immer noch keinen Freund hatte. Jedes potthässliche Flittchen bekommt einen Typen ab, nur ich nicht. Bin ich echt so hässlich, so mies, so charakterlos, so unsympathisch, so kalt, so abweisend ...?! Ich könnte flennen. Bitte, lieber Gott, lass mich noch einen Freund bekommen, bevor ich 16 werde. Am liebsten meinen Schatz Maik. Aber ich stelle am besten keine Ansprüche, sonst stehe ich am Ende ohne da.

13. 03. 1998

Ich bekomme Maik sowieso nicht. Er ist zu schön, obwohl er heute 3 Pickel hatte, aber was soll's, ich habe 1000!

15. 03. 1998

In fast nur noch einem Tag werde ich 16 Jahre und hatte noch nie einen Freund. Blamage! Nicht, daß ich lesbisch oder so wäre, aber es hat sich noch nie die Gelegenheit ergeben und wenn, dann habe ich den Schwanz eingezogen.

22. 03. 1998

Ich will KNUTSCHEN, jetzt sofort!

Emma, 13 Jahre

Jens, 15 Jahre, 19. 12. 1992

An unserer Schule ist wieder 'ne Mieze, die tierisch gut aussieht. Ich musste heute ein paar Mal an sie denken, glaub aber nicht, daß ich verknallt bin. Außerdem habe ich mir ja geschworen, erstmal 'ne geraume Zeit mich nicht mehr zu verlieben. Und wer weiß, wie jung die wieder ist. Langsam glaube ich, daß ich mich vor Minderwertigkeitskomplexen nicht mehr an Gleichaltrige rantraue. Aber andererseits sehen die in meinem Alter entweder scheiße aus oder sind zu beliebt (Warteschlange).

Marlene, 16 Jahre, 20. 09. 1996

Dominik ist immer süß, egal was er sagt oder tut. Er ist kreativ, intelligent, sexy, lieb. Das einzige Unperfekte ist, daß er ein bisschen kleiner ist als ich. Darüber grübele ich die ganze Zeit.

Nicola, 14 Jahre, 04. 09. 1991

Ich glaube, ich bleibe bei Holger. Aber wenn Sascha mich fragen würde, würde ich, glaube ich, Sascha nehmen. Aber ich will Holger ja auch nicht ausnutzen oder verletzen. Irgendwie lieb' ich ihn ja.

Mascha, 15 Jahre, 12. 01. 1995

Bis heute Abend, zwischen 22.00h und 23.00h, wollte ich mich entschieden haben, ob ich um Manuel noch kämpfe o. es sein lasse. Jetzt isses 22.12h. Am besten, ich stelle erstmal mein Rad in'n Schuppen.

14. 01. 1995

Ich habe vergessen, es mir zu überlegen. Aber jetzt möchte ich ihn zurück ...

Julie, 15 Jahre, 01. 01. 1988

Ich hab' so richtig Bock auf Liebe ...
Ich wünschte, ... daß ich vorhin den Martin angerufen hätte, und daß er irgendwie ganz lieb gewesen wäre, und daß wir ausgemacht hätten, daß ich um halb acht zu ihm geh ... oh man, nee, is nich.

Nadja, 16 Jahre, 02. 07. 1998

Genau morgen vor zwei Wochen habe ich meinen 1. Zungenkuss bekommen. Vom Baumann. Danach lachte ich mir noch einen an, den Fernando, der konnte viel besser küssen, und zum Schluss den Sebastian. Diesen Tag möchte ich vergessen!

Sophia, 15 Jahre, 15. 07. 1995

Ach, ich weiß nicht, wie mir jetzt ist. Es ist so dämlich. Hier auf Borkum bin ich so drauf aus, daß die Jungen + Männer mich sehr stark beachten. Mich bewundern. Einerseits gucken ja auch viele, aber sobald ich mal wieder so viel Scheiß labere, geht jede reizende Stimmung abhanden.

Merve, 15 Jahre, 07. 08. 1995

Ich bin aus Frankreich zurück. Bin in Jogi verliebt ... wir haben uns _so_ geil verstanden! Immer zus. gehockt, angeschaut, berührt, gefüßelt, Hand in Hand etc.
Aber ich wollte Niko treu bleiben. Das war gut von mir.

Petra, 13 Jahre, 22. 02. 1989

Ich bin verliebt! Na ja, ich weiß nicht, ob man das verliebt nennen kann, aber ich finde ihn süß und nett und lustig. Es ist Pascal. Ich glaube, er findet mich auch gut. Na ja, wenn ich was erzähle, dann lacht er. Und wenn Andrea was erzählt, nicht. Ist das Liebe?

Aline, 10 Jahre, 29. 05. 1997

Cengiz hat Susi, Nora und mich gefragt, ob wir mit ihm gehen wollen. Wir haben alle ja gesagt, aber Nora denkt, er liebt nur mich und Susi und will darum wieder Schluss machen.

17. 10. 1997

Wir haben mit Cengiz Schluss gemacht und wir sind jetzt auch nicht mehr mit ihm befreundet.

Ella Carina, 18 Jahre, 07. 10. 1998

Ich fühle mich so schnittig und pubertär und schwach, weil ich ... ah, pfui Teufel, auf'm Bett hocke und Svens Verbrecherpassphoto anbete! Kurze Phase, ich kriege mich sofort wieder in den Griff.

Marlene, 14 Jahre, 24. 05. 1994

Ich komme gerade aus dem Pfingstcamp zurück. Es war total super. Ich habe mich (mal wieder) verliebt. Er heißt Lennart, hat lockige Haare, ist total nett, hübsch, intelligent, sportlich, lieb, süß und vieles mehr. Nun der Haken an der Sache: Er hat eine Freundin! Trotzdem habe ich das Gefühl, er mag mich ganz gerne, denn wir waren fast die ganze Zeit zusammen. Ich bin ihm näm- lich die ganze Zeit hinterhergerannt. Das haben mir die anderen gesagt. Aber er hat sich auch

nicht gerade so verhalten, als hätte er was dagegen.

Hier noch ein paar Fakten:
Ich habe Lennart 4 × umarmt (beim Abschied)
Ich habe Lennart 3 × »geküsst« (1 × den gleichen
Luftballon an den Mund genommen, 1 × seinen
Labello benutzt und 1 × aus seiner Tasse getrun-
ken).
Ich habe 6 × mit ihm Arm in Arm dagestanden
(5 × beim Gruppentanz, 1 × beim Foto)

Mascha, 13 Jahre, 12. 01. 1993
Ich will frühestens mit 15 mit einem Jungen schlafen. Allein schon wegen dem Ruf.

Martha, 12 Jahre, 22. 07. 1995
Gestern Nacht meine Plüschrobbe Issy angekokelt.

23. 07. 1995
Ich habe ein schmusendes Pärchen gesehen.
Irgendwie habe ich Sehnsucht nach einem Freund.
Einem festen Freund. Mama sagt, wir kriegen Issy
wieder hin.

Mascha, 13 Jahre, 06. 05. 1993

Ich würde ihn so gern umarmen, küssen, kuscheln,
anschmiegen. Das sind meine erotischen Vorstel-
lungen. Weiter geht's bei mir nicht.

Petra, 14 Jahre, 22. 05. 1989

Mit den Scheißjungs habe ich eh nur Pech! NUR
PECH! Warum muss es eigentlich Jungs geben? Die
machen doch nur Ärger!
Aber der Messdiener ist echt süß.

Ella Carina, 13 Jahre, 01. 05. 1993

Idiot! Schon wieder nicht angerufen! <u>Das</u> kann er
sich bei mir <u>nicht</u> erlauben! Mir reicht's.
Ich rufe ihn das ganze Wochenende <u>nicht</u> mehr an,
das versprech ich mir. Schwören geht nicht, weil
ich vielleicht sooo Sehnsucht nach seiner Stimme
kriege.

20. 06. 1993

Er ruft mich nicht an! Also echt, eh! Ich bin <u>sooo</u>
geladen, könnte alles zerstören (bis jetzt habe
ich nur einen Apfel gegen einen Baum gedonnert).

Aline, 17 Jahre, 27. 11. 2004

Eigentlich ist Liebe viel zu kompliziert, um sich
lange damit zu beschäftigen!

Kerstin E., 11 Jahre, 10.11.1994

Ich geh gern in die Schule. Wegen Chris. Man muss ja denken, ich mag jeden Tag jemand anderen! Stimmt. Wenn ich jemanden nicht mehr sehe, mag ich ihn nicht mehr!

Stefan, 13 Jahre, Juni 1989

Ich glaube, ich komme meinem Ziel immer näher. Aber das dachte ich schon einmal. Ich mag sie ja sehr gerne, aber weiß nicht ob es Liebe ist ...?? Aber in diesem Fall bin ich sehr zurückhaltend, was ich in anderen Fällen nicht bin. Ich will abwarten, was passiert. Aber eigentlich gefällt es mir, so mit uns beiden. Man braucht ja nicht immer zusammen zu sein?? Und die Schule muss ja auch noch gemacht werden.

Magdalena, 14 Jahre, 23.08.2002

Liebes Tagebuch! Mir geht es total mega super gut! Echt, ich glaub mit dem Manuel hab ich echt 'nen Volltreffer gemacht. Wir sind zwar erst seit gestern Abend zusammen, aber bei mir muss man das so sehen: Ich will schon seit 17 Stunden nicht Schluss machen, und das ist echt enorm für mich.

Nadine F., 11 Jahre, 11. 07. 1992

Mathe und die zweite Stunde waren normal. Doch dazwischen war dann einer der wichtigsten Momente meines Lebens: Es war Pause zwischen der ersten und zweiten Mathestunde. Da sah ich, daß Steffen Chucks anhatte. Seine Füße sahen riesig aus. Er war an die Wand zur Treppe zu unserer Klasse angelehnt. Da ging ich zu ihm und fragte: »Du, Steffen, welche Schuhgröße hast du denn? Die Füße sehen so riesig aus.« Ich war überrascht, als er gar nicht scheu antwortete: »40.« »Die sehen sehr groß aus«, sagte ich. »Ach ja«, sagte er, »darauf haben mich schon viele angesprochen.« Und damit war die Unterhaltung beendet. Aber in was für einem netten Ton er mit mir gesprochen hatte, war überwältigend für mich.

Julie, 18 Jahre, 03. 07. 1990

Georg ist doof!
Stefan ist doof!
Meine Liebe zu ihnen ist sanft entschlafen!
Hoffentlich sind diese Worte kein Selbstbetrug!
Ich muss Mathe machen!
Freitag Klausur!

Mariam, 16 Jahre, 01. 07. 1996

Scheiße, irgendwie ist alles schei ...

Ich hasse es, weil ich mir wie ein typisches Mädchen vorkomme, aber ich muss es zugeben. Ich fühle mich einsam! Das hört sich doof an, ist aber so. Ich sehne mich nach einem sexy Boy. Warum? Diese Frage konnte ich leider noch nicht klären. Jeder Mensch braucht Geborgenheit. Bin ich nicht geborgen? Es gibt so viele, die Junggesellen geblieben sind oder Abstinenzler, so wie Immanuel Kant. Wie geht das? Ich glaube, ich wäre zu schwach. Ich muss mich den Lastern des Lebens einfach fügen.

13. 08. 1996

Bin ich ernsthaft gestört? 4 Boys in 5 Wochen verschlissen. Reife Meisterleistung. Suche ich Liebe durch Körperlichkeiten? Was sind die Gründe für mein Spiel? Gibt es Gründe? Ich spiele einfach gerne mit Gefühlen, vor allem mit meinen eigenen. Bin ich normal oder ist mein Weg nur ein anderer zu leben, den nicht viele wählen, weil er riskant ist? Viele Leute, Partys, Gedanken, Affären. Oder ist es nur meine Jugend? Werde ich noch vernünftig?

15.12.1997

Soll ich mein Emanzentum aufgrund eines Vertreters männlichen Geschlechts aufgeben? Eine schwere Entscheidung, deshalb sollte ich in mich gehen und an den Wurzeln meines Verlangens schnuppern, um mögliche Beweggründe aufzutun. Ein Fakt ist, daß alle meine engsten Freunde in Beziehungskisten involviert sind. Ich bin solo. Bin ich eine Mitläuferin, die die Geborgenheit ihrer Freundinnen beneidet? Ich würde sagen NEIN, denn der Stolz der Frau steht über weltlichen Belangen. Die zweite Deutungsvariante wäre, daß ich den Sascha echt gern hab. Er ist ein wahrer Wonneproppen und pflegeleicht obendrein. Ich mag seine flockige Sprache und auch sein Witz gefällt mir. Vielleicht entwickelt sich dieser Fall zu einer wahren Beziehung, die auf Liebe und Treue aufbaut und uns Liebenden die Wärme der Welt schenkt. Doch eigentlich will ich nur poppen …

28.12.1997

Er hat mich aus Zeitmangel (?!) nicht angerufen. Einkaufen mit Oma und Tischtennis – schlechte Argumente!

07. 01. 1998

Und doch noch solo ...

... er will mich nicht! Ich bin zwar »nett« (grummel), aber da er trotz seiner Notgeilheit bei der Wahl seiner Freundinnen stark selektiert, bin ich anscheinend nicht in den Kreis der Auserwählten gelangt. Außerdem rufe ich zu oft an – Frechheit! Nun kommt die Entscheidung zwischen cool und sensibel. In diesem Fall zweifele ich sogar an meinem Emanzentum. Ich scheine Gefühle zu haben, die sich nicht im grünen Bereich befinden. Doch eins bleibt klar ...

Women rule – men suck!

Ella Carina, 13 Jahre, 24. 04. 1993

Wenn ich Dorian am Dienstag o. Mittwoch in der
Schule sehe, geh ich hin! Wie ich aussehen werde:
gut geputzte Zähne; was gegen Mundgeruch;
gut frisiert; saubere, gut riechende Klamotten,
saubere Haut. Smiling!

Aline, 13 Jahre

Petra, 14 Jahre, 21. 05. 1989

Oh Gott, ich habe mir gerade das mit Pascal durch-
gelesen! Wie kindisch und albern! Jetzt bin ich 14
und viel erwachsener, reifer und klüger!

Nadine, 16 Jahre, 30. 10. 1998

Die Rastazöpfe bringen's voll. Ich saß ja auch 13 Stunden da. Hammerhart! Ich durfte 480 DM blechen!!!
So Typen wollten die Haare immer anfassen und der Opel-Freund (Christoph) hat mich gleich zu sich heim eingeladen.

03. 11. 1998

Nix weiter passiert. Latsche abends immer durch die Stadt in der Hoffnung, daß Chris vorbeifährt. Vergeblich!

04. 11. 1998

Wieder ein Tag, ohne ihn gesehen zu haben.

08. 11. 1998

Wieder eine Woche meines Lebens (ohne Freund) vorbei! Ich habe Christoph diese Woche kein einziges Mal gesehen, obwohl ich immer durch die Stadt latsch.

10. 11. 1998

Ich will Chris sehen. Heute ist er wieder nicht rumgefahren. Er hat'n geiles Auto u. sonst war er auch voll nett. Zwar wollt er mit mir 'ne Nummer schieben (»Kaffee kochen« heißt das jetzt), aber irgendwie ist er süß.

11. 11. 1998

War ganz kurz im Kussmund. Und wer kam?
Christoph.

Als ich ihm sagte, daß ich ihn schon 2x besuchen
war und er nie daheim war, meinte er: »Wenn mein
Auto nicht da steht, bin ich nicht da, außerdem
hättest du mich besuchen sollen, als meine Eltern
weg waren.« Da wusste ich, daß er mich doch nur
für 1. Mal durchficken wollte. Schade, doch ich
bleib an der Sache dran.

Sophia, 15 Jahre, 08. 12. 1995

Wahnsinn! Liebt er mich? Naja, das ist wohl etwas zu doll ausgedrückt. Ist er an mir interessiert?

Susanna, 14 Jahre, 18. 10. 1993

Ich glaube, ich habe mich in Mark Siemers verknallt. Wieso, weiß ich auch nicht. Er hat ein Mondgesicht, einen Scheiß-Musikgeschmack (HARD-CORE-TECHNO!!!), ist ein ziemlicher Angeber und hat irgendwie eine idiotische Art an sich. Aber irgendwie mag ich ihn.

01. 11. 1993

Ich habe 100 % Chancen bei Mark Siemers. Komischerweise finde ich das jetzt gar nicht mehr so toll. Ich gehe morgen mit ihm ins Kino und bin gespannt, wie es wird. Die Fete lass ich wegen ihm aber garantiert nicht platzen. Soll er doch am Samstag seinen Discobesuch platzen lassen. Wenn er nicht will, gehe ich halt mit Henning in »Die Firma«.

27. 11. 1993

ICH BIN MIT MARK SIEMERS ZUSAMMEN! Ich liebe ihn total. Jetzt bin ich aber müde.

Nadja, 17 Jahre, 04. 09. 1999

Mittwoch war ich im City Club zum Bingo. Paddy machte mich die ganze Zeit voll an. Dann musste ich ihn halt küssen. Zum Glück war nix mehr los.

Stefan, 14 Jahre, 21. 02. 1991

Patricia Nobs, glaube ich, hängt immer noch an mir und ich finde sie von Tag zu Tag netter und netter. Ehrlich gesagt, ich will sie fragen! Aber ich glaube, sie will mich nicht mehr, weil ich sie solange warten lassen habe. »Gott vergebe mir« – Amen. Ich versuche sie morgen zu fragen.

21. 03. 1991

Ich weiß auch nicht, was los ist, Patricia und ich sind jetzt 10 Tage zusammen und ..., nun ja ... äh ...? Es fehlt etwas ... etwas Herz ... in der ganzen Sache ... Ich hab sie ja sehr gerne und ich liebe sie ja auch, doch es fehlt etwas, nun ja, vielleicht kommt es ja noch. Sie ist sehr schüchtern. Ich darf sie noch nicht mal umarmen. Ich hoffe, es wird besser.

Heute war ich mit Martin im Kino. Am Anfang saßen wir nur so da. Dann kletterte meine Hand so unübersehbar auf die Armlehne, daß er sich schließlich einen Schubs gab und meine Hand nahm.

Darauf verging wieder eine Zeit. Und ich wollte einen taktisch geschickten Moment abwarten, wo im Film die Handlung liebevoll-zärtlich und dunkel wird, damit es nicht unbedingt jeder gleich sehen würde im kleinen Kino, um meinen Kopf auf seine Schulter zu legen. Als dann »A groovy kind of love« erklang, hab ich's gewagt. Zuletzt saßen wir, ich Kopf-auf-Schulter-Arm-umklammernd und er Hand-auf-Bein und Kopf-an-meinem, eng umschlungen. Händchenhaltend, fast immer stumm, gingen wir in Richtung Marienplatz und fuhren heim. Zu Hause drückte er mir ein Bussi auf die Backe. War eigentlich ganz schön aufregend heute.

FRÜCHTCHEN

Immerzu musste ich dich an   LINSEN
dann wurde ich zur   KICHERERBSE
und rot wie eine   TOMATE
denn für mich warst du der   CHAMP-IGNON

Einmal kamst du zu mir,
schenktest mir   BLUMEN-KOHL
bestauntest meine zarte   ORANGEN-HAUT
sagtest, meine lustigen   SOJA-SPROSSEN
passen zu mir, du fändest
mich scharf wie eine   PEPERONI
und sowieso   SPARGEL-SPITZE

Deine Worte machten
mich ganz   ANA-NAS(S)
und wie eine   ZWIEBEL
ließ ich Stück für Stück
die Hüllen fallen.
Du fuhrst durch mein   KASTANIEN-
Haar, küsstest meinen   ERDBEER-
Mund, und so vernaschtest
du mich mit   STI(E)L

Doch danach interessierte
ich dich plötzlich keinen   PFIFFERLING
mehr, und auch nicht die   BOHNE

Du sagtest,
ich wäre bloß junges GEMÜSE
das etwas zu frühreif
wäre und nichts in der BIRNE
hätte für eine dauerfeste,
haltbare SALATMISCHUNG
So ließest du mich also
fallen wie eine heiße KARTOFFEL.

Deine ART(I)SCHOCK(T)E
mich so, daß ich zum SAUERKRAUT
wurde, doch ich war zu FEIGE
dir meine STACHELBEEREN
zu zeigen ...
... so wurde ich eben zur WEIN TRAUBE

Seit gestern sind Ferien, in denen ich, obwohl ich eigentlich nicht mit wollte, mit meinen Eltern nach England zu einer Radtour fahren muss. Nachdem wir heute morgen in Harrich angekommen waren, haben wir gleich die 1. Tour von 60 km gemacht. Und genau das, was ich befürchtet hatte, ist natürlich passiert: Die ganze Etappe über habe ich mich mit dem Herrn Vater des Hauses gestritten.

17. 05. 1994

Heute ist <u>der</u> Tag! Die Radtour ist zwar noch nicht beendet; ich streite mich immer noch mit Vater, und das Wetter ist auch schlecht, aber <u>trotz</u>dem ist heute <u>der</u> Tag!

Warum? Na gut, ich will es Dir schildern, da Du ja geradezu darauf brennst, es zu wissen (oder brenne ich darauf, es unbedingt jemandem wie Dir zu erzählen?!):

Am Abend bin ich zum Billardtisch der Jugendherberge gepilgert, wo ein Junge gespielt hat. Er heißt Brian, hat lange braune Haare und sieht total süß aus. Ich glaube, ich habe mich dieses Mal das erste Mal richtig verknallt. (Jetzt wirst Du denken: Und was ist mit Christian M.? Das waren glaube ich alles nur kleine Liebeleien.) Der Haken kam erst, als meine Eltern wieder kamen und mich riefen, um 22.00 h hoch zum Schlafen zu kommen.

Das war natürlich der Schock, weil wir nicht einmal die Adressen ausgetauscht hatten, und ich würde Brian echt, wirklich, volle Elle, total gerne wieder sehen. Noch ein Wort zu meinen Eltern: Obwohl ich ihnen gesagt habe, daß ich Brian nett finde (und das ist für mich eine sehr persönliche Sache, die ich nicht jedem, schon gar nicht meinen Eltern, ohne Grund erzählen würde), ließen sie mich nicht noch- mal runter gehen! Allerdings bin ich mir sicher, daß Mutti allein jenes erlaubt hätte. Die Beschimp- fungen richten sich also gegen den Herrn des Hauses!!!!!!

19.05.1994
Scheiße, Scheiße und nochmal SCHEISSE! Gestern Morgen habe ich IHN nicht mehr wiedergesehen, und wir sind in aller Frühe aufgebrochen. Ich könnte heulen vor Wut auf den Herrn Vater. Aber auch ich selbst bin blöd: Ich habe nicht mal meine Adresse an der Jugendherberge abgegeben … Die ganze Etappe über konnte ich die Tränen kaum unterdrücken, bis ich dann, weil ich mit den Nerven völlig fertig war, das 5. (!) Mal mit dem Rad im Stand umkippte. Ich habe dann hemmungslos los- geheult und Vater hat noch gesagt: »Du bist wohl 'n bisschen unkonzentriert und erschöpft!«

Erst heute Morgen konnte ich wieder entspannen, weil ich – und das gibt mir wieder Hoffnung – heute Morgen einen Brief an die Jugendherberge York, den ich mit Mutti verfasst habe, geschickt habe (mit der Bitte, wenn sie Brian kennen, ihm meine Adresse zu geben). Jetzt kann ich nur noch HOF-FEN! Bitte lass das Schicksal zu meinen Gunsten wollen!!!!!!!!!!!!!!!!!!!!

26. 05. 1994

Danke, danke, danke, danke!!!!!! Gestern ist ein Brief von Brian gekommen. Er schrieb, daß er mit mir einen Briefwechsel machen will. Aber es ist kein normaler Brief, denn Brian drückt darin seine <u>Zuneigung</u> zu mir aus. Ich will Dir einen Satz schildern, den man auf Deutsch nicht genau wiederge-ben kann: I enjoyed playing Pool the other night but was quite sad that I didn't get to play you – may be some time in the future?!?
Na, ist das nichts?!!

14. 06. 1994

Von Sonntag bis heute war ich mit der Schau-spiel-AG im Schullandheim. Ich habe mich mit einem Mädchen aus der Schauspiel-AG wirklich gut ange-freundet. Ich glaube, ich habe einem Menschen, den ich erst seit zwei Tagen kenne, noch nie so viel und so viel Persönliches über mich erzählt. Und, was ich festgestellt habe: Ich fühle mich von ihr richtig angezogen. Aber es ist nicht das, was ich z.B. für Brian empfinde. Dennoch hat es einen Teil davon. Und dann ist da noch die körperliche Seite: Ich finde es richtig schön, wenn sie mir freundschaftlich z.B. den Arm um die Taille legt. Andererseits will ich nicht mehr!! Wirklich nicht! Ich habe das Gefühl, daß ich mir dringend Gedanken über meine Gefühle machen muss!

Daniela, 16 Jahre

15. Dezember

Mein Leben hat sich auf einmal verändert:
Ich bin verliebt und habe einen Freund! Mein Freund!

Steffi B., 11 Jahre, 18. 12. 1992

Morgen fahren Katrin, Simona, Susi und ich zum Schwimmen in die Kreissporthalle. Birger kommt vielleicht auch. Ich rufe ihn heute noch an.
Nach dem Anruf:
Der Anruf konnte wegen ständiger Beaufsichtigung der Eltern nicht ungestört erfolgen.

Mary, 15 Jahre, 02. 12. 1986

Scheiße, oh wenn es doch Till nicht geben würde! Ich mag ihn so saumäßig gerne!!! Heute in der Schule war wieder gar nichts! Nichts! Nichts! Er verdreht mir so den Kopf, irgendwann bricht er ab und dann bin ich tot.

Lilly, 16 Jahre, 26. 12. 1987

Let me dream ... Ich träume von meinem Schreiner ... Richie. Eigentlich heißt er Richard, aber er lässt sich Richie nennen.
Ich denke an die Herzkirschen, die er mir an beide Ohren hängte, an die Muschel, die er mir schenkte, an den Geruch seiner Lederjacke, wie er strümpfig bei seinen Eltern durchs Haus schlürfte, wie er lachte, wie er von Frankreich, Italien und Sylt schwärmte, wie er genüsslich Eis und Kuchen mampfte, wie er Pfeife mit Kirschtabak rauchte, wie er seinen Kopf auf meine Schulter legte, wie er seine Hand auf meinen Schenkel legte, wie er

mein Ohr verarztete, wie wir Hand in Hand stundenlang durch den Wald spazierten und wie wir an einer Waldlichtung Halt machten und er ganz süß und schön »Und ich düse, düse, düse im Sauseschritt und bring die Liebe mit von meinem Himmelsritt. Denn die Liebe, Liebe, Liebe, Liebe, die macht so froh ...« sang.

Tom, 19 Jahre, 01. 12. 1988

Heute gelber Anzug! Guter Anklang. Im »Volkshaus« viel zu viele hübsche Mädchen. Ich kann mich nicht entscheiden.

Ellen, 14 Jahre, 28. 01. 1994

Bin in Matze Hornberg, aber er hat ne Freundin. Was ich tun kann:
- Hallo sagen
- anlächeln
- hinterherlatschen
- süß anziehen, bewegen (schminken)
- seine Freunde anmachen
- ansprechen
- Brief
- ihn vergessen

Emma, 13 Jahre, 07. 11. 1987

So, kurzer Überblick:

Ich bin auf Jungensuche.

Bernd und Gregor sehen gleich gut aus, bloß Bernd guckt mich lieber an.

Ich meine, Florian ist auch nicht so schlecht!!

Betty, 14 Jahre, 1993

Ich bin soooo verliebt! Ich muss den Namen Bob nur aussprechen, schon bekomme ich Bauchschmerzen vor Aufregung.

Die Heimfahrt war total geil! Ich habe auf dem Lenker gesessen und mich (nach seiner Aufforderung) zurück gelehnt und mich ein bisschen nach rechts gebeugt. Wir haben uns halt so unterhalten und so zum Schluss hatte er seine Backe an meiner! Und dann sind er und Marius zu mir nach Hause Tee trinken und da haben wir uns zu dritt total geil unterhalten.

Aline, 12 Jahre, 01. 01. 2000

Ich bin verliebt! Ich würde dir ja sagen in wen, aber Nora darf es nicht wissen und falls sie mein Tagebuch liest …

Mary, 16 Jahre, 15. 08. 1987

Von den Kirchenjugend-Typen kann mich auch kein Arsch leiden – weder Alexander, noch Chris, Mickey oder Daniel. Aber ich bin nun mal jemand, der sich nicht an die Leute ranschmeißt und verführerisch kindlich mit ihnen redet. Ich bin nicht der Typ, der sich von einem Jungen beschützen lassen will. Ich frage mich nur, was ich eigentlich will. Das weiß ich selbst nicht. Aber eins weiß ich – ich bin kein Mädchen, in das sich jemals ein Junge verlieben kann. Ob ich das gut oder schlecht finde, weiß ich nicht, und was gut oder schlecht IST, noch weniger. Ich weiß nur, daß es mir Keulenschläge versetzt, wenn ich Silvia mit Hannes sehe. Es gibt mir das Gefühl, nicht dazu zu gehören, ein Außenseiter zu sein, was von allen bemerkt, aber vertuscht wird.

Merve, 26. 11. 1994

Ich glaube, ich bin wieder in Jockl. Nein! Bin ich nicht. Das muss ich mir sagen. Ich BIN es nicht.

Tine, 17 Jahre, 29. 04. 1998

Gestern habe ich mich mit Dan getroffen. Wir lagen bei Bauer-Kruse auf dem Blumenfeld und haben ›gechilled‹ (wie er sagen würde). Er sieht wirklich verdammt gut aus (Brad Pitt), aber leider weiß er das auch und eine dementsprechend merkwürdige Art hat er. Zitat Dan: »Jungfrauen sind ein Traum.« Soll ich mich darüber freuen? Ein Mann mit richtigen Männersprüchen eben. Ich hab jedenfalls keinen Bock, immer seine kleine, süße Schnitte zu sein, mit der er machen kann, was er will.
Eben hab ich ihn ganz zufällig in der Sandstraße getroffen (ich bin so lange hin- und hergefahren, bis er endlich meinen Weg gekreuzt hat). Er steht übrigens auf Tanga-Strings. Seine Ex-Freundinnen hatten ja alle mindestens zwei! Na und – ich aber nicht! Das kann er vergessen.

26. 05. 1998

WIESO MUSS ICH DENN BLOß IN DAN VERLIEBT SEIN?! Ich überlege mir jeden Morgen, was ich anziehe, welche Unterwäsche ich mir für ihn aussparen sollte, in welcher Hose mein Arsch gut aussieht, ich muss gut riechen und schmecken (Kaugummis), ich überlege mir, ob sich der Anrufbeantworter-Spruch cool anhört und wann er sich wohl nächstes Mal melden wird!!!

28. 05. 1998

Ich bin seelisch völlig am Ende. Ich habe so eine Sehnsucht nach Dan, daß ich das Gefühl habe, daß ich gleich umkippe vor Liebeskummer. Aber dieser verdammte Mistkerl ruft nicht an. Ich glaube, ich denke jede Minute an ihn bzw. weiß ich nicht, ob ich heute überhaupt schon mal eine Sekunde nicht an ihn gedacht habe.

Almut, 16 Jahre, 13. 10. 1994

Verlieben ist schön, verlieren ist traurig. Ich fühl mich jetzt echt besser, Tagebücher helfen eben doch.

Magdalena, 16 Jahre, 11. 03. 2004

Gründe warum ich keinen Freund will:
- Ich will nicht wieder ne 2-Monats-Beziehung, woher soll ich aber wissen, ob er der passende ist?
- Ich will mir nicht schon wieder das Gerede von den Anderen anhören müssen, ich würde die Jungs nur verarschen, wenn ich es nur 2 Monate aushalte
- Ich hab viel, viel zu hohe Anforderungen, denen kann einfach niemand wirklich gerecht werden
- man muss immer rasierte Beine haben

Date _____

GRÜNDE WARUM ICH KEINEN FREUND WILL:

- Ich will nicht wieder he 2-Monats Beziehung, woher soll ich aber wissen ob er der passende ist?

- Ich will mir nicht schon wieder das Gerede um den Andern anhören müssen ich würde die Jungs nur verarschen, wenn ich es nur 2 Monate aushalte

- Ich hab viel, viel zu hohe Anforderungen, denen kann einfach niemand wirklich gerecht werden

- man muss immer rasierte Beine haben

47

Am Samstag dem 28.10.88

Durfte ~~xxxxx~~ so lange

weg wie er wollte. „Es

wird ihm keine Zeit

mitgeben ?"

Er ist 16 Jahre alt!

Keine Wiederrede
Gleichberechtigung
für alle!

Mich hält hier groß eigentlich nix –
Der alltägliche Familienwahnsinn

Silja, 15 Jahre, 23. 05. 1994

Jenny hat heute eine dumme Bemerkung gemacht. Sie hat also geschnüffelt!! Falls sie das hier zufällig mal lesen sollte, bei so einem kleinen Ekel weiß man ja nie, dann kann sie sich merken: Sie ist ein kleines Arschloch und es ist fies, bei der großen Schwester im Tagebuch zu lesen!! Das geht keinen was an!!!

Antje, 11 Jahre, 06. 06. 1987

Schlechter Tag

Hab mich mit Mama gestritten. Wollte sogar tot sein. Aber das hat nicht geklappt. Warum bloß nicht, ich habe den lieben Gott doch angefleht, mich zu töten. Allein hatte ich den Mut nicht dazu. Vielleicht mag Mutti mich nicht mehr, aber ich liebe sie immer noch. Zugegeben, ich hatte ja Schuld, warum musste ich sie nur so anschreien.

Sandra, 15 Jahre, 18. 03. 1995

Mama und Papa und Kotz-Anne brauchen sich echt nicht zu wundern, wenn ich irgendwann mal von hier abhau. Was ist das nur für ein Alltag: aufstehen, Schule, heimgehen, essen, irgendwas

machen, fernsehgucken, fernsehgucken, ins
Bett … aufstehen usw. Das kann ja wohl nicht alles
sein. Es gibt so viele schöne Orte auf der Welt, wo
ich gerne hin würde. Zum Beispiel an die Nordsee.
Mich hält hier groß eigentlich nix.
Mama wollte mir noch die nächste Woche Hausar-
rest geben, und den Korsika-Urlaub streichen wollt
sie mir auch. Und das alles nur, weil ich diesen ver-
fickten Hausflur nicht rechtzeitig geputzt habe!
Als wär das so schlimm!

Steffi B., 12 Jahre, 05. 01. 1994
Ich muss hier von zu Hause weg. Für eine Nacht, in
die Turnhalle oder so. Und keiner weiß, wo ich bin.

Nadine F., 14 Jahre, 12. 09. 1993
Mein Bruder ist zur Zeit wild darauf, meine Tagebücher zu lesen. Wenn er dieses Buch lesen würde,
könnte ich keinen Frieden mehr mit ihm schließen.

Ich stehe vor einem total blöden Problem. Wir wollten alle zusammen in den Keller in die Sauna. ALLE, wollte Mama. Ich also auch. Nackt vor Mama, da ist ja nichts dabei, vor Papa ist es zwar komisch, aber ich würd's immer noch tun. Aber Jenny und Björn! Die würden sagen: »Ellen sieht unten ja schon aus wie Mama!« Oder so. Natürlich wollen die mich ja nicht verletzen. Aber nun Hendrik: Er ist älter als ich und ich bin viel weiter entwickelt! Das sieht doch komisch aus. Mindestens einer von den allen wird n' dummen Spruch loslassen, wetten? Außerdem könnten die es Freunden weitererzählen, und so …

Was ich tun könnte:

1. Ich sage, daß ich Fernsehen will und nicht mitkommen kann.
2. Ich sage, daß ich alleine gehen will.
3. Ich gehe mit, wie alle.
4. Ich komme, wenn schon alle drin sind.
5. Ich komme vorher, binde mir ein Handtuch um und gehe vorher wieder raus.

Also: Nr. 5 ist das beste.

Ich muss ihnen beweisen, daß ich mich traue. Ich darf nicht ängstlich, still, verschlossen sein. Auch nicht dauernd reden, so daß die Aufmerksamkeit auf mich gezogen wird. Einfach ganz locker muss ich sein, mitreden und lachen. Natürlich wirken.

Zwei Stunden später

Das sagten sie:

Mama: Stand am meisten zu mir. Sie guckte mich an, als ob nichts wäre. Das war gut.

Papa: Starrte mich ab und zu verwirrt an, aber benahm sich sonst gut.

Hendrik: War gar nicht mitgekommen, hat sich nicht getraut!!

Björn: Hat mich oft angestarrt und gekichert. Das war nicht so schön, aber nicht schlimm.

Jenny: Hat mich normal beachtet, wie als wenn ich angezogen wäre. Das fand ich super.

Mein Gefühl: War ganz gut. Fühlte mich etwas beobachtet, aber froh, ›es‹ geschafft zu haben. War es richtig zu gehen? Auf jeden Fall. Es war entspannend und es hat mir geholfen. Ich kann mich jetzt ruhig vor jedem nackt zeigen.

Flora, 12 Jahre, 02. 06. 1990
Um 10 bin ich mit der Mama und dem Ewald zum Feuerwerk. Dann bin ich noch mal mit ihnen auf die Kirmes gegangen. Ich glaub, sie wollten mich weghaben. Na ja, die sind jetzt im Club und mir haben sie ein Fischbrötchen gekauft und mich nach Hause gebracht. Was soll's.

Es ist seltsam, aber wenn Mama oder Papa mich in den Arm nehmen, empfinde ich nichts!

Gestern bat ich Opa, mir Dirty Dancing aufzunehmen. Heute sollte ich kommen und es mir ansehen. Das tat ich auch. Ich dachte, daß Opa sich das nicht mit mir angucken würde, aber er guckte es sich an! Dirty Dancing ist ja etwas versaut, denn es heißt ja auf Deutsch »Schmutziges Tanzen«. Dann kam auch meine Oma dazu und schaute es mit an. Ich bekam fast einen Schock. Denn hinterher kamen noch meine kleine Kusine und meine Tante und schauten es mit an.

Ich will irgendetwas, um dieser kleinen Besserwisserin das Maul zu stopfen. Es gibt echt wenig Dinge, die mich mehr nerven als jemand, der mir ständig Sachen aus der Hand nimmt, um sie selbst zu tun oder mir sagt, wie ich etwas zu machen habe. Bis jetzt habe ich mich noch ganz gut beherrscht, aber das hat nichts zu sagen, denn das ist erst der 2. Tag unserer gemeinsamen Familiensegeltour durch Holland. Zwei Familien eingesperrt auf einem kleinen Segelboot, das kann ja nicht gut gehen.

Lilian, 14 Jahre, 24. 12. 1993

Marc sieht zum Kotzen aus. Wie ein seriöser
Geschäftsmann mit Krawatte, Lackschuhen, Brille
und Trenchcoat. Hilft seiner Mutter in den Mantel.
Bevor ich so werde, bringe ich mich um.
Und damit wären wir beim Thema: Ich möchte mich
nicht dirigieren lassen. Ich möchte einen eigenen
Stil haben, aber meine Eltern engen mich so ein.
Ohne finanzielle Unterstützung von ihnen kann ich
das nicht, ich bin total von ihnen abhängig. Ich
habe meine eigenen Ideale, die ich verfolgen
möchte – ich möchte Hippie sein, ausziehen, Bun-
gee springen. So in der Art wie im
»Cryin'«-Video von Aerosmith. Aber ich kann es
nicht. Sie schreiben mir vor, welche Sachen ich
kaufen und tragen soll, was ich hören und sehen
soll. Stop, Stop, Stop!
Mein Gott, jetzt rede ich auch schon so schwulstig.
Heute ist Weihnachten, ich bin zu sentimental.

Sophia, 15 Jahre, 02. 11. 1995

Liebes Tagebuch!
Ich komme gerade von »Schlafes Bruder« ich wollt
so gern mit Mama über den Film reden. Doch irgendwie war das nur so ein hin und herschiebender Dialog. Sag mal, warum kann ich mit Mama nicht über
so etwas unterhalten? Hat sie keine eigene Meinung
oder ist sie einfach zu blöd?

2.11.

Liebes Tagebuch!

Ich komme gerade von "Jungfes brude" ich wollt so gern mit Mama über den Film reden. Doch irgendwie war das nur so ein hin und herschiebender Dialog. Sag mal, warum kann ich mit Mama nicht übe so etwas unterhalten? Hat nie keine Eigene Meinung oder ist sie ein jau zu blöd.

Mascha, 13 Jahre, 27. 02. 1993

Bei uns sind gerade Tante Barbara und ihre Freundin da. Die sind ja irgendwie bescheuert. Und lesbisch. Das hat aber damit nichts zu tun.

Betty, 9 Jahre, 1988

Ich habe nun eine neue Stiefmutter, sie heißt
Heide. Sie ist klein, dick, hat rote Haare, grüne
Augen und ein Doppelkinn. Sie passt überhaupt
nicht zu meinem Dad. Aber ich glaube, sie ist nett.
Sie interessiert sich für den Boden (Erde) und wie
Berge entstehen (kotz, würg).

Saruschka, 14 Jahre, 02. 07. 2000

Gestern war der Geburtstag scheiße! Ziemlich langweilig! Das einzig aufregendste war nur, dass ich
mir 2 Finger in einen Stuhl mit Löchern eingeklemmt habe, sodass der Stuhl zerschnitten werden musste. Meine Finger wurden immer dicker und
blauer. Ich bekam Panik.
Opa wird immer grimmiger. Er meckert über alles,
was ihm in die Quere kommt. Na ja, und alle haben
wieder einmal gesagt, daß ich nächstes Jahr mit
Freund kommen werde.

Clara, 17 Jahre, 20. 03. 1997

Abends (oder immer) Mama & Papa Streit, Papa nur
Büro, Büro, Mama Selbstmitleid, beide bescheuert,
kommen nicht klar, Mama muss nachdenken »über
so vieles«. Ich hoffe nicht, daß sie sich scheiden
lassen. Papa ist so ein Arsch, guckt abends kein TV
mit uns, wegen Arbeit, er macht sich verrückt. Ich
könnte heulen.

Karin, 15 Jahre, 11. 12. 1988

Ich könnte mich gegen meine Eltern schon wieder verlieren. Wahnsinn, wie die mich aufregen. Heute durfte ich mich nicht vor dem Frühstück duschen, weil die Mama irgendwann mal essen möchte. Davor haben sie und der Papa geduscht, wann hätte ich also duschen sollen? Ich muss nachher duschen, weil's den Herrschaften grad mal so passt. Joi, wo soll das hinführen?!

Saruschka, 13 Jahre, 22. 05. 1999

Meine Eltern behaupten, ich lese den größten Schwachsinn. Sie meinen, ich müsste Weltliteratur lesen. Ich habe ihnen gesagt, daß ich das aber nicht lesen will. Darauf haben sie gesagt, ich würde immer das machen, was man nicht von mir erwartet.

Alexandra W., 12 Jahre, 14. 09. 1986

Ich fühl mich so hundselend. Mein Kopf dröhnt – mir ist schlecht. Am liebsten würd ich abkratzen. Aber das kann ich Mama nicht antun. Sie ist doch die allerbeste, die ich kenne.

Antje, 15 Jahre, 17. 10. 1991

Ich war heute so enttäuscht von Mama. Ich hab sie erwischt, als sie in mein Tagebuch guckte. [...] Dabei hat sie damals gesagt, sie würde NIE in dieses

Buch gucken. Sie hat sich versucht, rauszureden, indem sie meinte: ich würde bestimmt nichts geheimes in dieses Buch schreiben, und sie wußte gar nicht, daß das mein Tagebuch ist, sie hätte nur Zeitungen in meiner Schublade gesucht. LÜGE!

Mo Di Mi Do Fr Sa So			
XI			
1 2 3	Oktober	Donnerstag	
4 5 6 7 8 9 10	October	Thursday	**17**
11 12 13 14 15 16 17	Octobre	Jeudi	
18 19 20 21 22 23 24	Ottobre	Giovedì	
25 26 27 28 29 30	October	Donderdag	
42. KW	Oktober	Torsdag	

290. Tag/Day
Jour/Giorno
Dag/Dag

7.00 Ich war heute so enttäuscht von Mama.
7.30 Ich hab sie erwischt, als sie in mein
8.00 Tagebuch guckte. Sie hat versucht sich
8.30 rauszureden. Sie hat auch eingesehen,
9.00 daß sie sich falsch verhalten hat, aber
9.30 das tröstet mich nicht darüber hinweg
10.00 was für einen gemeinen Vertrauens-
10.30 bruch sie begangen hat. Dabei hat sie
11.00 damals gesagt, sie würde nie in dieses
11.30 Buch gucken. Sie hat sich versucht raus-
12.00 reden indem sie meinte: ich würde
12.30 bestimmt nichts geheimes in dieses Buch
13.00 schreiben, und sie wußte gar nicht, daß
13.30 das mein Tagebuch ist, sie hätte nur
14.00 Zeitungen in meiner Schublade gesucht.
14.30 LÜGE... Ich kann ihr nicht mehr ver-

Martha, 12 Jahre, 01. 06. 1995

Ich hatte Streit mit Papa. Da habe ich zu Papa gesagt: »Ach, leck mich doch am ...«
Papa sauer. Ich hatte Streit mit Bine, Frieda, Tascha. Ich hatte Streit mit Anke. Gestern hat sie gesagt: »Du Hurentochter!« Da war ich sauer. Ich habe mich mit allen (außer Papa) wieder vertragen.

Şakir, 17 Jahre, 06. 01. 1997

Ich nehme mir vor, mit meinen Eltern ins Reine
zu kommen. Leider gehören meine Eltern zu den
Menschen, die mich absolut nicht verstehen. Ich
glaube, sie kennen mich höchstens zu 20 %.

Emma, 13 Jahre, 30. 01. 1988

Mama hat mir zwei Zöpfe gemacht und wenn mich
einer sehen könnte, wäre es mir peinlich!!

Sophia, 15 Jahre, 28. 09. 1995

Ich hasse Dich Mama.

Mascha, 19 Jahre, 24. 06. 1999

Mein Opa war früher in der NSDAP! Omi nicht,
weil sie es doof fand, daß bei den Versammlungen
Männer + Frauen an getrennten Tischen saßen.
Nur deshalb! Na ja, aber was erlaube ich mir ein
Urteil. Ich bin mit Geld und Freiheit, mit Kapitalis-
mus und den Bravo Herzklopfenromanen aufge-
wachsen.

Magdalena, 12 Jahre, 30. 07. 2000

Fast jeden Abend habe ich mit meinem Cousin Tim
(2 Jahre) Teletubbies und den Sandmann
geschaut. Was Tim angestellt hat:
1. In die Badewanne geschissen (ein Glück war er
   alleine in der Wanne).

2. Meine ganz volle Bebe Creme bis zur Hälfte in
meinen Kulturbeutel geschmiert.
Mein Onkel und Papa haben das sauber machen wollen und natürlich waren meine Slipeinlagen gerade
da drin – mega peinlich!!

Susanna, 14 Jahre, 23. 06. 1993
Ich schaue gerade »Hautnah« mit Armin Müller-
Stahl, während ich hier schreibe. Ich darf aber nur
bis 21:30 Uhr gucken, weil meine Eltern dann ins
Bett gehen und sie es doof finden, wenn ich länger
aufbleibe als sie. Idiotisch, was? ERWACHSENEN-
LOGIK!!! Ich hoffe, ich werde nicht auch mal so.

Marlene, 14 Jahre, 06. 11. 1994
Am Samstag sind wir nach Köln gefahren. Es war
total geil. Wir waren von ca. 12 bis 18 Uhr da.
Davon waren wir die meiste Zeit bei H&M. Ich habe
mir einen Pulli gekauft. Er ist eigentlich ganz
schön, aber ich tausche ihn morgen wahrscheinlich
um. Mutti fand ihn, wie alle Sachen von mir,
beschissen.

Stefan, 14 Jahre, 29. 11. 1990
Mein Vogel »Charly« ist echt geil, aber das ist
meine Katze »Ratte« auch. Mein Meerschweinchen
»Kasimir« finde ich auch klasse, doch meine Dra-
chenpalme geht mir wahrscheinlich ein. Ich habe

sie zu oft gegossen. Aber es wäre schade, wenn sie
sterben würde, weil ich sie von meiner Mutter
habe. Ich schreibe dies, weil ich ein Gefühl der Einsamkeit im Herzen habe.

Wencke, 15 Jahre, 22.01.1989
Samstagabends hat Mama ihren 50ten gefeiert.
Mann, was waren die besoffen ...

Daniela, 15 Jahre, 23.02.1997
Gestern Abend war ich auf dem Faschingsball!
Ziemlich makaber: Ich feier und Papa sitzt zu
Hause. Aber ich musste mich einfach ablenken –
was ich auch schaffte; mit viel Alkohol.

Mary, 17 Jahre, 02.05.1989
Meine Eltern verstehen mich überhaupt nicht. Ich
glaube, daß sie mich für ein total aus der Art
geschlagenes Sorgenkind halten. Am liebsten wäre
es ihnen, wenn ich jeden Abend um acht daheim
wäre und nur für eine berufliche Karriere leben
würde. Sie kapieren einfach nicht, sie finden es
sogar total verachtenswert, daß ich nur noch für
die Abende und Nächte mit meinen neuen Freunden
lebe; und wenn sie wüssten, was das teilweise für
Leute sind und mit was sie ihr Geld verdienen, ich
glaube, sie würden versuchen, mir jeden Kontakt
zu verbieten.

Es nervt mich total, daß meine Eltern immer versuchen, mich allen neuen Leuten gegenüber misstrauisch zu machen. Bloß in keine Wohnung von Männern mitgehen. Wer weiß, dann sind das am Ende noch Zuhälter. Ich habe echt keine Lust, ständig allen Leuten gegenüber misstrauisch zu sein und in allen Männern mögliche Vergewaltiger zu sehen.

Magdalena, 11 Jahre, 11. 03. 1999

Paul (mein Bruder) hat gesagt, daß er die Laura mag (fast liebt), aber ob das stimmt? Wenn nicht, wen liebt er dann? Na ja, nur er weiß es. (Leider!) Paul ist ein echtes Arschloch. Jeden Tag ärgert er mich und macht mich vor meinen und seinen Freunden schlecht. Irgendwie tut er mir ein bisschen leid. Gut zu verstehen, weil er ist ja irre. Es ist wirklich schwer mit dem ~~Arsch~~ Paul. Die Mama ist mir ein Rätsel, merkt die etwa nicht, wie doof der Paul zu mir ist?

Ein paar Tage später.

Ich kann Paul nicht verstehen! Wie kann man nur in die Laura sein? Ich habe ihm Sachen über sie gesagt, aber er meinte, ich will ihm die Laura nur ausreden, weil die Susanne in ihn ist. Das stimmt zwar auch ein bisschen, aber wirklich nicht viel. Obwohl mir die Susanne leid tut. Sie wünscht sich so

einen Freund und ist unsterblich in den Paul verliebt, und doch sagt sie immer, sie habe beim Paul
sowieso keine Chancen. Ja, es stimmt, Paul steht
eben eher auf so bekackte und belämmerte Laura-
Typen.
Ich hätte auch gerne einen Freund oder wenigstens die Gewissheit, daß jemand mich toll findet
und in mich verknallt ist, egal wer, nur nicht so ein
Omaburschi. Das wäre schon toll! Aber das wird nie
so sein, wie Paul schon sagt, ich bin zu klein und
werde laufend auf 10 geschätzt und ich bin klein-
kindisch, schüchtern und behämmert.

18. 10. 1999
Hallo! Susanne hatte ja im Briefbuch geschrieben,
daß sie den Paul 100 % liebt, aber jetzt sagt sie,
eigentlich liebt sie ihn nur 98 % und die anderen
2 % liebt sie den Christian Kell.

10. 01. 2000
Hi Tagebuch. Paul hat mir erzählt, der Marius und
der Marcel aus seiner Klasse haben ihm erzählt,
ein Mädchen hatte denen erzählt, Susanne würde
5,- DM für eine Unterschrift auf ihrem Möppchen
(die Unterschrift natürlich von Paul) geben.

Marie, 14 Jahre, 1999

Ey, ich bin sauer. Wegen meinem Bruder und meiner Mutter! Ich saß da so nichtsahnend am Mittagstisch und meinte nur so, daß ich mich auf Sonntag freue! Meine Mutter dann so: »In wen ist Annika eigentlich verliebt? In Fabian oder in Kai?« Ich dachte nur so, ich hör nicht richtig! Ich habe dann so erwidert: »In keinen. Und wenn sie in einen von beiden wäre, würde ich es nicht sagen, weil, sie vertraut mir das an und dann muss ich ja nicht gleich zu euch rennen und euch alles erzählen!« Dann kam meine Mutter irgendwie auf mich und Simon zu sprechen, wegen, na du weißt schon. Da meinte mein Bruder: »Ja, Simon hat ja auch ganz schön viele Frauen!«

Ich nur so: »Aha! Wen denn?«

Er dann: »Ja, Jessy und dann bestimmt noch ein paar aus seiner Klasse.«

Und meine Mutter dann: »Die schalten wir schon alle aus!«

Ey, die haben so einen Schaden!!

Sarah P., 12 Jahre, 2000

Mama schreit mich wieder an. Ach, ich hasse es! Da hilft nur noch an Timo denken.

T + S = ?

Emma, 15 Jahre, 28. 10. 1989

Am Samstag dem 28. 10. 89 durfte Torben so lange weg, wie er wollte. Es wurde ihm keine Zeit mitgegeben!
Er ist 16 Jahre alt!
KEINE WIEDERREDE
Gleichberechtigung für alle!!!!!!

Emma, 13 Jahre, 06. 04. 1988

Papa und Manfred fummeln gerade am Videorekorder rum. Papa hat das noch nicht so raus!!

Şakir, 21 Jahre, 18. 07. 2001

Ich denke nur an Neslihan. Ich vermisse sie sehr und es tut sehr weh, nicht mehr mit ihr zusammen zu sein. Es ist so leer in mir. Das einzige, was mir hilft, sind meine Eltern. Ich glaube, Mutti hat Papa gesagt, er solle sich heute ein wenig um mich kümmern. Ich liebe die beiden. Ohne sie würde ich mich völlig alleine fühlen.

Saruschka, 14 Jahre

Hallo du,   02.07.00

gestern war der Geburtstag Scheiße!
Ziemlich langweilig! Das einzig aufregendste
war nur, dass ich mir 2 Finger in
einen Stuhl mit Löchern eingeklemmt
habe, sodass der Stuhl zerschnitten werden
musste. Meine Finger wurden immer
dicker und blauer. Ich bekam Panik.

Jenny, 15 Jahre, 09. 06. 1995

Es ist Nacht.

Meine Omi ist gestorben.

12. 06. 1995

Ich kann es nicht fassen. Wie kann meine Omi, die
86 Jahre auf dieser Erde lebte, so plötzlich ver-
schwinden? Wie kann sie einfach aufhören zu
atmen, und damit soll ihr Wesen, ihre Seele auch
weg sein? Ich verstehe es nicht. Der Tod ist mir ein
Rätsel.

Mit keinem anderen Menschen habe ich so viel telefoniert, sie hat mir Ratschläge gegeben und sich
über <u>alles</u> gefreut, was ich ihr erzählt habe. Ich
habe sie geliebt und liebe sie noch immer. Aber
weinen kann ich kaum.

24. 06. 1995

Wir sind am Donnerstag zur Beerdigung nach Lud-
wigsburg gefahren. Ich habe in Omis Bett geschlafen, aber das hat mich nicht gestört. Ich habe
mich wohl darin gefühlt.

Am Freitagmorgen fing der Gottesdienst in der
kleinen Kirche an. Um die Kirche herum ist der
Friedhof. Auf dem Friedhof ist eine Kapelle, in der
Omi in einem Glassarg aufgebahrt war. Dort konnten wir sie noch einmal ansehen. Im ersten Moment
fand ich das sehr schrecklich, weil sie nicht mehr

ganz so aussah wie früher, aber jetzt finde ich es gut, daß ich sie noch einmal gesehen habe. Auch wenn der Glassarg eher so aussah wie ein beleuchteter Schaukasten, der summte wie ein Kühlschrank.

Der Pastor hat geredet und wir haben Lieder vom Tode gesungen. Dann sind wir in einem Zug nach draußen gegangen. Der Sarg mit Omi darin wurde in die Erde gelassen. Dann sagte der Pastor: »Erde zu Erde, Asche zu Asche und Staub zu Staub.« Ich habe meinen Rosenstrauß ins Grab geworfen. Da musste ich plötzlich sehr weinen. Sie war so allein, so kalt in der Erde ... da habe ich beschlossen, ich möchte nicht auf einem Friedhof beerdigt werden. Ich möchte auf einer Lichtung im Wald, irgendwo, wo es sehr einsam ist, liegen. Und es soll kein Sarg sein. Am liebsten ein ausgehöhlter Baumstamm.

Steffi B., 9 Jahre, 06. 01. 1991

Ich spüre schon, es wird ein Scheißtag. Morgens schmeißt mich Mama aus dem Bett und motzt. Nach dem Frühstück will ich mir Styling-Gel in die Haare machen, Mama sagt, walnussgroß. Sie meckert rum, weil es zu viel war. Die Haare wollen nicht stehen! Mama klugscheißt, die Haare wären zu lang und ich müsste warten, bis wir zum Frisör gehen. Werner kam heute nöselig nach Hause. Ich musste um 20.30 Uhr ins Bett.
Das Leben, es ist ein Jammertal, kaum daß man lebt ...

Sophia, 15 Jahre, 28. 01. 1996

Mama stresst mich so. Allein ein Blick auf sie genügt, sodaß ich schlechte Laune kriege und mich bedrückt fühle. Wenn ich ihren Ton höre oder sie daherschlurfen sehe, packt mich die Angst! Bitte, ich möchte niemals so sein wie sie!

Steffi B., 9 Jahre, 05. 01. 1991

Heute war es ein SCHEISSTAG!
Ich spiele gemütlich mit meinen Tieren, da sagt Mama, ich soll Tante Kerstin beim Auto sauber-machen helfen. Ich tue es auch. Danach spiele ich Umzug mit meinen Tieren. Mama kommt dann mit dem Staubsauger und verdirbt mir die Laune. Abends musste ich mit Rommé spielen. Mama hat verloren.

Diese blöde Christine. Diese Ziege, dieses dumme, verfluchte, sklerosierte, hochnäsige, verwöhnte Rindvieh von Christine. Oh, wie ich sie hasse! Wie soll ich sie gern haben und mit ihr spielen, wenn ich sie nicht leiden kann? Diese Christine, diese Blöde. Dieses Schwein, Kuh und Ochse. Ich hasse sie, oh, und wie ich sie hasse. Ich kann sie nicht riechen. Sie ist so blöd wie zwei Pilze.

13. 03. 1985

Ich will weg von hier. Ich will nicht mehr mit der Christine zusammen sein. Ich will sie nicht mehr sehen. Ich kann sie nicht leiden. Entweder sie oder ich.
Ich gehe weg von hier. Weg, weit weg. Ich glaube, ich schaff es. Ich werde sparen. Eisig sparen. Keine Mark will ich ausgeben.
Alle sagen, sie haben noch nie solche Schwestern gesehn, die sich immer zanken. Aber ich kann nichts dafür, wenn ich die Christine nicht riechen kann! Ich will, daß sie ein Jahr wenigstens weg ist von mir. Nach Hamburg oder am Nordpol meinetwegen, wo immer, nur nicht hier! Klar, ich hab kein Recht auf die Wohnung, aber dann geh ich weg, na bitte, wenn es so gut ist, na! Ich kann mich nicht zusammennehmen. Und warum? Das weiß ich selbst nicht.

Kerstin G., 15 Jahre, 19. 06. 1999

Mario und ich werden ein Paar!!!! Er ist so süß! Nur leider verpasste er mir einen Knutschfleck, der sich gewaschen hat. Mama hat's natürlich gesehen und gemeckert. Die stellt sich aber auch an!

Saruschka, 13 Jahre, 22. 05. 1999

Wir haben heute einen neuen Klodeckel bekommen. Meine Mutter hat ihn eingeweiht.

Petra, 13 Jahre, 19. 05. 1989

Opa ist tot. Ganz plötzlich. Ich konnte zuerst gar nicht heulen, aber jetzt heule ich total viel. Heute ist Opas Beerdigung. Ich schätze, da heule ich auch volle Pulle. Wir müssen dem Blumen ins Grab werfen. Ich finde das komisch irgendwie. Früher habe ich das immer verarscht, so Fragen wie »Was ist nach dem Tod?«. Aber jetzt denke ich echt drüber nach. An ein Weiterleben glaube ich nicht. Na ja, ich werde schon noch früh genug erfahren, wie es ist, wenn man tot ist. Da denke ich jetzt nicht mehr dran. Ich darf keine Süßigkeiten mehr essen. Da kriegt man nämlich Pickel von.

Karin, 15 Jahre, 13. 04. 1989

Wie ist das, wenn später mein erstes Kind, ich rechne damit, daß es ein Mädchen wird, auf der Welt ist, sofern ich in dieser Zeit Kinder haben möchte? Ist Muttersein so schön? Eigentlich schon, denke ich. Ohne Kinder, was wäre die Welt? Nichts. Ein Labberwaschlappen.

Aline, 14 Jahre, 29. 05. 2001

Soso, meine liebe Schwester Nora liest die ganze Zeit mein Tagebuch! Also, Nora, eins sag ich dir: Solange ich den 2. Schubladen-Schlüssel nicht hab, werde ich hier auch nichts Persönliches mehr reinschreiben, und da nützt dir der Schlüssel wenig, wenn sowieso nur Uninteressantes hier drin steht. Ich bin mir 90%ig sicher, daß du ihn hast. Übrigens, wie du sicher schon bemerkt hast, hab ich den Schlüsselbund auseinander genommen und ich wechsle jetzt auch öfters das Versteck. Tja, wenn ich den Schubladen-Schlüssel wieder hab, schreib ich auch wieder andere Sachen hier rein. Also gib ihn mir schnell wieder!!!

Ursula, 13 Jahre, 12. 05. 1994
Mutti kommt … Vielleicht schreibe ich später weiter.

Sarah P., 12 Jahre

Ich bin so gottverdammt vernünftig! –
Ausuferndes Eigenlob & erschütternde Selbsterkenntnisse

Sophia, 15 Jahre, 19. 07. 1995, 0.30 Uhr

Ich hab keinen Bock mehr auf diese Scheiß Pubertät!

Die ganze Zeit bin ich nur am arbeiten. Am arbeiten an mir selbst. Es ist mir zu anstrengend!

Nadine F., 14 Jahre, 18. 10. 1993

Ich habe viel über Pubertierende gelesen. Anscheinend sind das Krämpfe, die Pubertierende haben. Man sagt, die haben es sehr schwer in der Zeit der Entwicklung. ICH HABE ES SCHWER!

Mascha, 13 Jahre, 05. 09. 1993

Mensch, alle verändern sich.

Die Jungen meines Alters wachsen, werden verklemmt, kriegen Stimmbruch, Pickel.

Die Mädchen schminken sich, tragen BH's, sind albern, kriegen Busen, Figur ... Ich bin ja auch so, bloß daß ich keine BH's trage.

Jetzt nach den Ferien kann ich manche gar nicht wiedererkennen.

ALLES ÄNDERT SICH! HILFE! Will nicht!

Elena, 16 Jahre, 20. 10. 1986

Ich merke wieder, wie eingeklemmt auch ich in die gesellschaftlichen Normen bin. Mein Traum war es mal, völlig unabhängig von der Meinung anderer zu handeln, mich zu kleiden und so weiter. Aber inzwischen bin ich mir nicht mehr sicher, ob das richtig ist. Denn ich glaube, das kann sehr leicht in Vereinsamung führen und das könnte ich nicht ertragen.

Clara, 17 Jahre, 28.01.1997

Bin deprimiert, denke zu viel nach. Das Leben ist zu kurz, um nachzudenken. Hilfe! Habe das Gefühl, ich verpasse mein Leben. Bin jetzt 17 und hatte noch keinen Freund. Bin ich blöd?

02.02.1997

Morgen neuer Stundenplan, neue Lehrer. Wehe, dieses Jahr gehe ich nicht aus mir raus! Letzte Chance ...

06.02.1997

Oberstufe ist scheiße. Kein Freund, der mich liebt, keine Meldungen in der Schule, die mich stolz machen könnten und mache nie was am Wochenende, weil ich keine Lust habe. Genau, wie ich keine Lust habe, mich zu melden. Aber Lust auf Freund. Aber keiner auf mich! Scheiß-Charakter oder keinen?
Geh am Sonntag vielleicht zu Birgits Faschingsparty. Aber wie kann ich mich verkleiden? Als Niete?

Julie, 17 Jahre, 25. 03. 1990

Ich fühle mich zur Zeit wieder reichlich seltsam:

1) RALLIG
2) EINSAM
3) SELTSAM
4) GESTRESST
5) FETT
6) EINSAM
7) EINSAM
8) EINSAM
9) MÄNNERLOS
10) LEICHT AUF DER KIPPE ZUM LEICHTEN,
     ETWAIGEN, HAUCHFEINEN WAHNSINN

Es irren wieder mal viel zu viele und obendrein un- und z. T. schwachsinnige Gedanken durch das Labyrinth meines Kopfes, und nicht selten knallen sie an irgendwelche Wände und tun sich dabei furchtbar weh. Aua. Nun ja. Meine einzige Rettung sehe ich im perfekten, schönen, klugen und mich liebenden Mann. Wo ist er denn, na, wo?

Mascha, 11 Jahre 11.05.1991

Ich finde, schöne Mädchen (wie ich!) können sich alles erlauben.

Almut, 16 Jahre, 20.11.1994

Kein Wunder, daß ich nicht so leicht an einen Freund komme: ich bin ja so hässlich (klingt das jetzt depressiv? Bin ich nicht, nur realistisch!). Ich muss endlich mal was dagegen tun, vor allem gegen meine Scheiß-Pickel!!! Ich hasse sie! Es ist zum Heulen. Abgesehen davon bin ich trotzdem eigentlich gut drauf ...

Marlene, 14 Jahre, 28.07.1994

Ich fühle mich zur Zeit eigentlich total gut. Ich bin mit meinem Aussehen zwar nicht so ganz zufrieden, aber die Jungen finden mich alle hübsch und nett und manchmal laufen und pfeifen sie mir hinterher. Meine Figur finde ich zu dick, aber meine Freundinnen und Mutti sagen, ich wäre genau richtig.

Dorothee, 14 Jahre, 18.01.1994

Es macht mich so unglücklich, daß ich keinen Busen habe. Das ist mein so ziemlich einziger wunder Punkt.

Martha, 12 Jahre

Mein

Tagebuch

(mißlungenes Selbstporträt)

Nina, 13 Jahre, 15. 01. 1994

Ich glaube, ich bin z. Zt. in einer komischen Phase. Dauernd frage ich mich, ob ich hübsch bin.

Nadine F., 14 Jahre, 18. 10. 1993

Ich sehe grauenhaft wie immer aus, nur noch schlimmer: ich habe eine Allergie oder so, auf jeden Fall: im ganzen Gesicht Pickel.

Heute hatte ich einen Zopf mit Strohpony, den
Pony schnitt ich mir selbst. Einfach scheiße.
Ich nehme mir immer vor, mich zu ändern. Total.
Seelisch, schulisch und menschlich. Ich kann das
nicht, doch ich will es versuchen.
Ich merke gerade, ich habe Ränder unter den
Augen. Das fällt bei meiner Hässlichkeit wohl kaum
auf.

Ella Carina, 11 Jahre, 13. 03. 1991

Mein Aussehen:
Ich sehe wohl verdammt gut aus, meine ich.
Richtig sexy. Werde wohl mal eine gute Figur
kriegen, aber die habe ich jetzt auch schon.
(Schreibe ich das nur, um mir Mut zu machen? Bin
ich in Wirklichkeit normal oder gar hässlich?)
Meine muster-hellgrünen, tiefen, weichen, ver-
führerischen, träumerischen Augen sind schön
groß und mit langen, dunklen Wimpern und dicken,
dichten Augenbrauen umgeben. Meine Nase ist
kartoffelförmig, hat einen leichten, süßen
Knick und ist gut geformt. Mein Mund ist mittel-
groß, dickrot, mit dicken Lippen und einer Zahn-
spange. Meine hellbraunen Haare hängen über die
Schulter.
Mein Pony ist etwas kurz (von Mama, dieser Sau!),
doch der wächst wieder. Ich habe einen modernen
langen Hals und schlanke Beine. Nun das weniger

gute: Pubertät! Unter den Achseln sprießen Haare!!!

Zwar leicht, aber seit Sommer schon sichtbar. Ina sah es zuerst und hat es mir dauernd gesagt. Peinlich! Warum muss immer mir das zuerst passieren? Womöglich hat Ina den anderen alles erzählt! Ich rasiere mich des öfteren heimlich.

Magdalena, 14 Jahre, 18. 06. 2001

Im Moment wünsche ich mir am meisten, daß ich
endlich Busen bekomme. Ist schon scheiße, eine
unter Dreien in der Klasse zu sein, die überhaupt
nichts hat ...

Nadine F., 13 Jahre, 20. 08. 1992

Gestern war ein Tag, bei dem ich nicht weiß, ob es
ein schöner oder guter Tag war, weil, nun ja,
gegen 13:00 Uhr oder 14:00 Uhr bekam ich das
erste Mal meine Periode! Sie macht mir sehr große
Angst, denn nun kann überall jemand lauern, der
mich vergewaltigen will, habe ich den Eindruck!
Ich traue mich nun nicht mehr zum Turnen, weil ich
da erst in einer einsamen Bahn und dann von einer
einsamen Haltestelle über einen riesigen ruhigen
Parkplatz gehen muss.

Sonst machte es nichts aus, dahin zu fahren,
weil ich wusste, daß ich keine Kinder bekommen
kann, aber jetzt?!

Betty, 12 Jahre, 19. 03. 1992

Wir haben heute in Sport gegen ne 8. Klasse
gespielt und da war so'n Typ dabei, der mich die
ganze Zeit angeglotzt hat. Ich glaube, ich muss
sehr anziehend aussehen, wenn ich Sportsachen
trage (he he). Letztens hat mich einer aus der 10.
angeglotzt, dem sind beinahe die Augen rausgekul-

lert. Vielleicht liegt es an dem Busen und dem flachen Bauch, der meinen Busen doppelt so groß aussehen lässt. He he, naja, mich stört's nicht, ich finds sogar witzig!

Lisa, 10 Jahre, 01. 01. 1992

Heute wachte ich erst um 10.00 Uhr auf. Es war der Neujahrstag und er war wunderbar. Übrigens, das darf ich nicht vergessen, habe ich mir den Vorsatz gemacht, immer eine hübsche Haarfrisur zu haben und ein braves Kind zu sein. Und nicht so viel zu schwätzen.

02. 01. 1992

Papa räumte mein Zimmer aus und ich half ihm beim ausräumen und nachher wieder einräumen. Ich kann kaum noch schreiben, so geschafft bin ich! Mein Vorsatz hielt sich ein bisschen. Eine Haarfrisur hatte ich, nur sie rutschte immer. Aber das mit dem vielen Schwätzen ging nicht so gut, aber vielleicht geht es ja morgen besser. Brav, das weiß ich nicht, ob ich es war, vielleicht, vielleicht auch nicht.

Betty, 11 Jahre, 08. 07. 1990

Ich habe vor, einen neuen Lebenstiel zu entwickeln:

1. Ich gehe abends früh in Bett (19:30 Uhr)
2. Stehe morgens um halb sieben wieder auf

84

3. Ich führe einen Kalender, in dem ich genau aufschreibe, was ich vorhabe
4. Ich wasch mir jeden 2. Abend die Haare und dusche
5. Schwätze nicht mehr so viel in der Stunde.

Jana, 14 Jahre, 21. 05. 1995

Heute ist der Tag der Vorsätze. Jana hat gelernt, Jana ist jetzt selbstbewusst genug, hat sich positiv geändert, mag sich nun endlich, weiß, was sie will. Also, Jana hat Vorsätze, die eingehalten werden:
1. Ab dem heutigen Abend, bin ich für andere IMMER da. Ob zum Helfen, Trösten, Lachen, lieb haben oder was auch immer.
2. Nach der Schachtel Camel, die ich zur Zeit habe, wird eine rauchfreie Woche eingelegt (Kiffen nur am Wochenende).
3. Schule: Nicht auf Lorbeeren ausruhen, weiter am Ball bleiben.
4. Mama nicht mehr anlügen (außer wenn's absolut nicht anders geht).

Mal sehen, was draus wird. Ich geb mein Bestes.

Ellen, 13 Jahre, 24. 04. 1993

ELLENS GEBOTE:
1. Niemals von Drogen abhängig werden
2. Niemals von einem Mann abhängig werden

3. Niemals töten oder jmd. anders wehtun
4. Nie im Laden etwas klauen
5. Nie voll übergewichtig werden
6. Nie Magersucht/Bulimie kriegen
7. Nie Selbstmord

Natascha, 16 Jahre, 31. 08. 1998
Manchmal denke ich, ich bin verrückt. Durchge-
knallt, irr ... Wer setzt sich schon auf 'ne Bank um
halb elf, trinkt ein Radler und weint!?
Ich. Wieso? Keine Ahnung.

Laura, 12 Jahre, 24. 08. 1998
Manchmal denke ich, ich bin zu hässlich und zu
dumm für diese Welt und es wäre besser, ich wäre
nicht da. Ich habe Angst und es macht alles keinen
Sinn. Dann möchte ich einfach einschlafen und nie
wieder aufwachen! Warum kann ich nicht anders
sein?

Petra, 13 Jahre, 08. 01. 1989

Ab morgen nehme ich mir vor, abzunehmen. Ganz radikal. Morgens nichts, mittags etwas, nachmittags nichts und abends etwas.
Morgen ist wieder Schule und ich habe einen dicken, fetten Pickel auf dem Kinn. Scheiße!

18. 01. 1989

Also, aus meiner Radikaldiät ist <u>unheimlich</u> viel geworden. Ich habe genau 0 kg abgenommen! Wieso halte ich nur nie Diäten durch?!?!?!?! Wo ich doch in den Ferien Jungs aufreißen will! Da <u>muss</u> ich einfach abnehmen!

20. 01. 1989

Hiermit schwöre ich, Petra H., bei Gott dem Allmächtigen, daß ich nicht mit nach England fahre, wenn ich meine Diät nicht durchhalte. Das gilt ab morgen.
So, jetzt wird's klappen, hoffe ich.

22. 02. 1989

Seit ich Pascal gut finde, läuft alles besser. Ich habe wieder gute Laune, mache ganz eisern Diät und kann wieder mal ordentlich lachen. Jetzt schaffe ich es mit der Diät! <u>Jetzt</u> schon! Jetzt wird alles gut. Alles wird schön. Alles wird rosa.

21. 05. 1989

Ich habe lauter Zahnpasta im Gesicht wegen meiner Pickel. Hoffentlich hilft das. Ich tu ja schon, was ich kann, aber mit Nüssen, Eis, Chips und Schokolade muss jetzt echt Schluss sein. Tut ja auch meiner Figur nicht gut. So schlage ich gleich zwei Fliegen mit einer Klappe, wie man so schön sagt.

11. 07. 1989

Ach Mann, alles ist scheiße! Die Diät habe ich auch nicht durchgehalten.

Ella Carina, 18 Jahre, 08. 07. 1998

Es fällt mir schwer, mich »gehen zu lassen«. Deshalb bin ich so selbstkontrolliert und auch vernünftig. Oh man, das ist es, ich bin so gottverdammt vernünftig!

Sophia, 15 Jahre, 22. 07. 1995

Vielleicht bin ich in der Entwicklung schon sehr weit! Ich denke, das hängt auch sehr von dem Umzug nach HH ab. So ein Umzug in eine andere Stadt ältert einen um 1–2 Jahre.

Susanna, 21 Jahre, 23. 09. 1999

Mir war schon sehr früh bewusst, daß Frauen und Männer nicht gleichberechtigt sind in unserer Gesellschaft. Und daß ich trotzdem ruhig froh darüber bin, ein Mädchen zu sein.
Meine Erziehung hat mich fast ein bisschen zu sehr sensibilisiert, deswegen achte ich sehr darauf, nicht so viel zu kochen, nicht zu spülen und überhaupt möglichst wenig im Haushalt zu machen. Ich kann mir keine Sekunde lang vorstellen, mein Leben mit Haushaltsführung zu vergeuden. Oder als Sklavin meiner Kinder. No Thanxxxx.

Sophia, 15 Jahre, 11. 09. 1995

Manchmal habe ich Angst davor, keine Powerfrau zu sein.

Ellen, 18 Jahre, 05. 04. 1998

Ich bin lieber ein Drecksmädchen als: ganz nett.

Betty, Deutsch-Amerikanerin, 15 Jahre, 29. 01. 1994

Mein Kopf ist zu deutsch für ein amerikanisches Mädchen, und mein Herz ist zu amerikanisch, um einem deutschen Mädchen gehören zu können. Die meisten Deutschen sind ein bisschen überrascht, daß ich keine großen Probleme habe mit dem »Ich liebe dich«-sagen.

Wieso kann Freundlichkeit nicht einfach total normal sein? Wieso ist es etwas, dass die meisten Menschen immer noch verstecken? Alle versuchen, cool zu sein und ihre Gefühle nicht zu zeigen. Aber ich will trotzdem versuchen, anders zu bleiben. Ich werde weiterhin Menschen mit meinen Gefühlen schocken und vielleicht können manche ihre Art des Gefühlezeigens ändern. Ich hoffe, ich schaffe das.

Mary, 16 Jahre, 01. 08. 1988

Aufgepasst. Ihr werdet euch noch alle wundern. Denn ich verändere mein Aussehen total. Am Mittwoch gehe ich zum Friseur, lasse mir die Haare seitlich ausrasieren und lila färben, und oben dann ein Seitenscheitel. Außerdem werde ich mir noch ein paar tolle Kleider kaufen. Und mich ab jetzt immer toll schminken, das macht doch was aus.

Wencke, 17 Jahre, 27.04.1990

Ich muss irgendwie lernen, mein Selbstbewusstsein zu stärken. Mal bilde ich mir ein, ich bin sogar ein bisschen hübsch, aber meistens kann ich mich nicht leiden.

Ich werde mich ändern. Ich will mir schöne Klamotten kaufen und mehr darauf achten, wie ich aussehe. Das habe ich mir fest vorgenommen.

Betty, 18 Jahre, 21.07.1997

Vielleicht sollte ich mich als Outsider-Held stilisieren?

Ich bin anders als alle anderen, ich war stets fremd, immer ein bisschen seltsam. Aber ich ertrage auch keine Menschen um mich herum. Ich brauche nur mich selbst!

Nein, kommt nicht so überzeugend …

Ich hätte gern meine eigenen Freunde oder am liebsten eine beste Freundin zum Tee trinken und träumen, zum lachen und lästern, zum richtig streiten.

Alice, 16 Jahre, 21.02.1995

Im Konfirmationsunterricht habe ich einmal gesagt, ich sehne mich in den Bauch zurück. Das stimmt wirklich. Ich bin ein Angsthase. Ich wünschte, ich hätte einen Freund.

Sophia, 15 Jahre, 10. 08. 1995

Wieso habe ich immer ein Image wie eine chaotische, naive Tante?

Betty, 17 Jahre, 19. 08. 1996

Ich kann mir oft nicht vorstellen, daß andere Menschen auch Gefühle haben, denken, träumen und in den Körpern wohnen, in denen sie mir begegnen. Ich kann mir nicht vorstellen, daß sie mich jeden Tag von außen sehen. Mir geht es oft so, daß ich überrascht bin, sehe ich in einen Spiegel. Ich bin viel weiblicher, viel zarter von außen. Innerlich fühle ich mich eher klotzig, groß, wie ungehobeltes Holz. Ich fühle mich groß und breit, platzausfüllend, meine Nase ist größer, mein Kinn viel kantiger und meine Augen kleiner. Ich sehe männlich und hart aus.

Silja, 18 Jahre, 06. 10. 1997

So, das alte Tagebuch ist endgültig voll. Jetzt wird das hier gequält. Ich werde zur Zeit auch gequält, nämlich von zahlreichen Problemen. Mit dem Schwitzproblem fängt es an, dazu kommt ein Ausschlag, ein Ekzem am Ohr, ein Fressproblem und ein Faulheitsproblem. Außerdem bin ich ständig müde und fühle mich unzufrieden.

Nadine F., 14 Jahre, 18. 10. 1993

Ob ich echt mal sterbe? Ich mit 14 oder so? Ich hab so ein Gefühl.

Nadja, 16 Jahre, 26. 07. 1998

Liebes Tagebuch,
wenn ich <u>vor</u> meinen Eltern sterben würde und sie dich lesen würden, wäre es mir egal. Ich wäre ja tot. Dann würden sie merken (und nicht nur sie), daß ich nicht immer nur »die Brave« war. Ich hab den Kack schon lange satt.
Jeder denkt von mir, nur weil ich mein Maul nicht aufmache, daß ich schüchtern bin. Doch das bin ich nicht! Ich denke nur immer nach, möchte mit-bekommen, was die anderen sagen, manchmal habe ich keinen Bock, meinen Senf dazugeben und ich versinke oft in meine Tagträume. So ist es halt, wenn man im Sternzeichen Fisch geboren ist. Da ist man etwas seltsam, aber man hat den meisten Charme.

Betty, 17 Jahre, 18. 08. 1996

Ich will meine Beine rasieren. Ich kriege regelmäßig Eckelanfälle, wenn ich diese schwarzen Borsten näher betrachten muss.

Mary, 16 Jahre, 06. 08. 1988

Gestern waren wir im C6. Simone wurde mal wieder von einer Reihe Jungs angequatscht, wie immer. Naja, aber seit ich keine Brille mehr habe, sondern die Linsen, beachten mich die Leute auch viel mehr.

07. 08. 1988

Mann, es gibt so viele tolle Leute im C6 und ich weiß einfach nicht, wie ich sie kennen lernen soll. Simone wird immer angeschwallt, tja, die sieht halt gut aus (oder stylt sich gut auf). Leider ist es so, daß ich, wenn ich besoffen bin – und nur dann! – echt gut mit neuen Leuten reden kann, sie anquatsche oder selber angequatscht werde. Aber ich will mich verdammt nicht vom Alk so abhängig machen.

10. 08. 1988

Simone wird nicht nur STÄNDIG angequatscht, jetzt macht sich sogar Bumer an sie ran. Das KOTZT-MICH-AN!
Im Grunde sollte ich mich über diesen triebhaften Neid ärgern, ja, sollte ich wirklich!!
Und wenn mich tatsächlich jemand anlabert (und das ist ja auch schonmal vorgekommen!!!), dann weiß ich nie, was ich sagen soll, werde total eklig, unbeholfen und kotz mich selbst an. Die Scheiße

ändert sich erst dann, wenn ich genügend gekippt habe, und das ist schlimm. Ich kann ja nicht ständig zu sein!

Ich glaube, ich muss mehr an mir arbeiten, mich mehr konzentrieren, mich besser beherrschen lernen. Und nicht immer so dämlich grinsen. Mehr auf mein Äußeres achten (ach, wie tussenhaft ...)

Ella Carina, 14 Jahre, 08. 11. 1993

Ich hab sooo'n tolles Foto von mir! Wenn ich mich echt mal umbringe, will ich, daß <u>das</u> in die Zeitung kommt!

Dieses völlige Ausgeliefertsein –
Schule und andere Grausamkeiten

Julie, 15 Jahre, 01. 01. 1988

Ich will nie mehr zur Schule, nur LEBEN.

Sandra, 15 Jahre, 08. 02. 1996

Heute war ich nicht in der Schule. Das hat eigentlich zwei Gründe.

1. habe ich Geschichte nicht gelernt und
2. bin ich heute Nacht aufgewacht und hab mir in den Kopf gesetzt, heute nicht in die Schule zu gehen.

Ich weiß, daß ich spinne, aber ich hab mich mitten in der Nacht auf'n kalten Balkon gestellt und Milch getrunken. Um am nächsten Morgen hab ich zu der Mama gesagt, daß ich mich nicht wohlfühle, was ja auch irgendwie stimmt, denn ich fühl mich echt nicht so toll. Dann hab ich mir einen gemütlichen Morgen gemacht.

Tabor, 18 Jahre, 30. 01. 2003

Dieses völlige Ausgeliefertsein hier im Internat kotzt mich so dermaßen an. Eigentlich sollten dieses Wochenende Frieder und Sabrina hierher kommen. Aber da ich vor ca. drei Wochen zu Frau Vogt so »unmöglich« frech gewesen war, ist mir der Besuch am Wochenende verweigert worden. Es kotzt mich so dermaßen an. Ich bedanke mich recht herzlich bei Frau V. für diesen wunderschönen 18. Geburtstag.

Natürlich gebe ich mir auch Schuld dabei, aber es ist ungerecht und inkonsequent, daß Leute, die beim Kiffen erwischt werden, nicht mal annähernd solch eine Strafe bekommen und mir, der ich eigentlich meistens nicht viel »Böses« mache, erlaubt man nach so einer Sache nicht einmal, Besuch am Wochenende nach meinem Geburtstag zu empfangen!

Ich habe mich während der ganzen Gespräche mit Heim- und Schulleitung wirklich angestrengt. Ich war, meiner Ansicht nach zu urteilen, auch wirklich ziemlich diskret. Doch selbst bei solchen Fortschritten wird man für irgendwelche Lappalien, wie Türe zu fest zuschlagen, angeklagt.

Ich glaube nicht, daß ich das hier noch lange aushalte. Ich bin ein Mensch, der versucht, erwachsen zu werden, aber leider wird man hier im Internat oftmals nicht als solch einer behandelt.

Man muss der Heimleitung auch noch dankbar sein,
daß man irgendwelche blöden, abgeschissenen
Geschenke bekommt und daß man hier im Internat
wohnen darf. Ich frage mich gerade, ob es nicht
ein großer Fehler war, hierher zu kommen.
Einerseits kann ich hier wirklich viel lernen (außer-
schulisch), aber auf der anderen Seite wächst
mir das hier echt über den Kopf hinaus. Ich habe
das Gefühl, daß ich hier nur auf einer Problembe-
arbeitungsschule bin und somit geht der eigent-
liche Teil, nämlich die Schule, unter. Ich krieg's
einfach nicht auf die Reihe, etwas zu lernen, auch
wenn ich es manchmal versuche.
Warum ist das hier so scheiße? Warum bin ich immer
der Fußabtreter von Frau V.?!

Eines Tages …

Eines Tages werde ich es ihnen zeigen.

Eines Tages werden sie dann schweigen.

Eines Tages werde ich was anderes machen.

Eines Tages werden sie dann nicht mehr über mich lachen.

Eines Tages können sie mich mal,

eines Tages habe ich die Wahl.

Eines Tages werden sie sich umschauen,

eines Tages werde ich sie mal in die Pfanne hauen.

Eines Tages beachte ich sie mal nicht,

eines Tages lesen diese Arschlöcher dieses Gedicht.

Nadja, 17 Jahre, 16. 04. 1999

Ich stecke glaub ich gerade in meiner Lebenskrise. Zur Zeit komme ich mit nix klar. In der Schule schreibe ich lauter schlechte Noten, obwohl ich bis zum Abfaulen lerne. Zweitens hat mich wieder mal der Sportunterricht hart getroffen. Ich weiß, in der Realschule war es schon immer so: Ich war immer die Letzte, wo für Teamsport gewählt wurde und sonst wurde nie mit mir gespielt. Vielleicht stinke ich ja oder bin soooo unsportlich, was weiß ich!

Auf jeden Fall war im Sport am Donnerstag, wie so oft, kein Partner mehr für mich übrig. Also saß ich allein am Rand. Da kam nach einiger Zeit der

Schneider und fragte: »Bedeutet dir eigentlich der Begriff Außenseiter was?« Ich sagte: »Kann ich was dafür, wenn's niemand mit mir macht!« Für mich ist wiedermal eine Welt zusammengebrochen. Kann ich denn was dafür, wenn alle ihre Freundinnen haben?

Beate = Helena
Tina = Hannah
Julia = Karina
Vanessa = Catharina
Melli = Inga, Catharina
Kirsten = Tanja
Vivian = Dini
Natalja = Vicky
Ich = niemand

Nur, wenn mal jemand niemand hat! Dann bin ich der Notnagel! Kotz! Aber was soll's, 1. Komme ich damit klar und 2. Lernt man, sich alleine durchzuschlagen!

Alice, 13 Jahre, 11.05.1992

Wir haben gerade einen Französisch-Deutsch-Austausch hinter uns.

Meine Austauschschülerin heißt Adeline und ist wahnsinnig nett, ein dreiviertel Jahr älter als ich und nur in einer Beziehung anders:

1.a: Sie hat einen Freund.

1.b: Sie macht mit ihm Zungenküsse.

(Ersteres könnte mir auch nicht schaden.)

Jana, 13 Jahre, 23.12.1993

Eben haben wir in Deutsch »Anne Frank« geguckt. Ich finde es total mies, was haben die Juden den Deutschen getan? Was? Eben nichts. Gerade hatten sie wieder Hoffnung auf ein Ende, da dringt die Polizei ins Hinterhaus ein und verhaftet alle. Ich finde es in dieser Hinsicht voll peinlich, Deutsch zu sein.

Alice, 18 Jahre, 19.06.1997

Gerade habe ich überlegt, daß ich noch nie von Herrn Bernhard geschrieben habe. Herr Bernhard ist mein Lateinlehrer und ich bewundere ihn, seit ich ihn zum ersten Mal habe erzählen hören! Er kann die langweiligsten Dinge zu spannenden Geschichten verarbeiten und dazu wunderbar schief grinsen. (Daß dieses charakteristische schiefe Grinsen auf einer Lähmung der linken unteren Gesichtshälfte basiert, verringert nicht im Geringsten seine Zauberhaftigkeit.) Außerdem sieht er ein wenig slawisch aus und sehr schön! Er ist furchtbar gebildet und man kann ihn wohl als echten Intellektuellen bezeichnen.

Sein Alter ist sein einziges Manko. Schon lange hat mir die Differenz an Jahren, die uns trennt, Kopfzerbrechen bereitet. Ich bin mir sicher, wir beide waren füreinander bestimmt, doch dem für Glück verantwortlichen Gott auf Wolke sieben ist ein Fehler unterlaufen.

Zur Zeit geht es Herrn Bernhard nicht gut.

Er scheint zu altern und das alleine macht mich traurig.

Daß ich dies alles heute schreibe, ist wirklich Beweis meiner unerschütterlichen Zuneigung ihm gegenüber – obgleich er sich momentan weitaus schönere Spitznamen für andere als mich ausdenkt und das Unterrichtsniveau unverhältnismäßig angehoben hat, bin ich noch verliebt in ihn.

Betty, 11 Jahre, 1990

Meine Mitschüler.

Am meisten mag ich:

Feli – meine beste Freundin

Steph – auch meine beste Freundin

Matze – gibt mir immer was von seinem Brötchen ab

Ralph – ist immer lustig und wir kabeln uns oft

Serkan – verteidigt mich, wenn ich mich mit
jemanden streite
Manuela – ist immer bereit für einen Streich
Eva – ok
Der Rest:
Jola – nett und reich
Dan – klein und in mich verliebt
Felix – nicht hübsch, aber ganz ok
Marek – fett und gibt nie irgend jemanden was ab
Manuel – wissbegierig und höflich
Philipp – Goofy-Fan und trotzdem ein Streber
Andrea – ein kräftiges Mädchen mit mehr Muskeln
als Hirn
Ersin – Klassenclown und ein guter Torwart
Emine – ehrgeizig in Sport, aber sonst schlecht in
der Schule
Claudia – eingebildet und immer im Mittelpunkt ste-
hen wollend
Volker – eingebildet und denkt, alle wären in ihn
verliebt
Und ich, die Klassensprecherin!

Nadine, 15 Jahre, 01. 01. 1998
Dieses Jahr komme ich aus der Realschule. Ich
könnte heulen vor Traurigkeit. Schule ist so geil.
Ich liebe die Realschule. Es ist zwar manchmal
ziemlich scheiße, aber ich werde Frau Maler +
Teschner, Herr Volkmann + Bäumler + Menzner +

Pardel usw. auf ewig vermissen. Ich glaube, ich werde nie wieder solch tolle »Chefs« bekommen. Und ich werde die Mitschüler vermissen, wie sie oft nerven mit ihren Kinderspielen, z. B. Spuckrohre bauen, oder die Parallelklassen, oder die Pimpfe. Kein Trübsal blasen, das Leben geht weiter.

31. 03. 1998
Apropo diese Woche ist die letzte richtige Schulwoche in meinem Realschulleben. Danach fangen die Prüfungen an, ich könnte schreien, ich liebe die Schule. Ich glaube, niemand verkraftet es so schwer wie ich, von der Schule abzugehen, aber die anderen haben ja auch eine Lehrstelle.

Ella Carina, 17 Jahre, 11. 09. 1996
Gestern war ich auf dem »Fit für Europa?«-Treffen in Bonn. Das war voll geil, von fast jeder Schule aus Nordrhein-Westfalen waren zwei Leute da, teilweise voll die geilen. Einer, der hieß Sebastian von Ortel, der war so toll ... Er hat lange, dunkle Haare zum Zopf, einen Spitzbart, braune Augen ... Mehrere Fernsehkameras waren auch da. Auf einmal stand eine WDR-Reporterin samt Kamera vor mir und wollte wissen, wie ich denn den europäischen Binnenmarkt beurteile, und ich wusste nicht mal, was das ist.

Aline, 16 Jahre, 16. 06. 2003

So, heute hat die Schule wieder angefangen.
Ich hab gleich mal die Geschichtsarbeit total ver-
hauen. Ich hab tatsächlich geschrieben, daß
Amerika zur EU gehört! Hilfe!!!

Saruschka, 14 Jahre, 06. 07. 2000

Hi du,
diesmal aus Polen! Ich bin freiwillig (leider!!!) mit
nach Ztotow. Vom 6.7–9. 7. soll hier ein europäi-
sches Schultreffen stattfinden. Allerdings sind
hier fast nur Polen und Deutsche. Auch ein paar
Engländer (wenigstens etwas).

09. 07. 2000

ICH LIEBE GROSSBRITANNIEN!
Ich würde alles dafür geben, aus England zu kommen. Deutschland ist so peinlich. Die Schulklassen
aus Gifhorn und Rathenow ziehen Deutschland
noch mehr in den Dreck. Wir haben beim Lagerfeuer
»Horch', was kommt von draußen rein« gesungen,
und die Briten sangen »Let me entertain you« von
Robbie Williams.

Jens, 15 Jahre, 16. 12. 1992

Jetzt geht es langsam auf Weihnachten zu, bloß
bei mir stellt sich noch kein Weihnachtsgefühl ein.
Aber Ferien brauche ich ganz dringend. Den ganzen

Tag über hänge ich nur schlapp rum (Schule) oder schlafe den ganzen Nachmittag. Nicht einmal mehr für Arbeiten zu üben schaffe ich noch (gestern Erdkunde, heute Franze, total verhauen, beide!). Die Hausaufgaben schaffe ich noch mit Mühe und Not, ich bin total am Ende. Und jetzt schreiben wir auch noch am letzten Schultag 'ne Mathearbeit. Irgendwie ist mir alles nur noch scheißegal.

Meine Klasse geht mir auch mittlerweile tierisch auf den Geist. Hoffentlich komme ich bald in die Elfte! Mit Miezen läuft zur Zeit gar nichts, und das ist auch gut so. So bleibt das auch erstmal. Wenn ich nicht bald Ferien bekomme, werde ich wahnsinnig. Na ja, nur noch 4 Tage (ungefähr). Ich habe keine Lust mehr zu gar nichts! Alles scheißegal!

Nadine, 16 Jahre, 14.06.1998

Erstmal Jubel! Danke Gott! Mein Freund, ich liebe dich auf ewig! Du hast mir meine Matheprüfung und mich positiv beeinflusst. Ich habe die 3 geschafft! Glaube mir ich bin einer der glücklichsten Menschen im All! Glaube mir! Ehrlich!

Nadine, 16 Jahre

Melanie, 13 Jahre, 01. 10. 1987

Geil, heute habe ich wiedermal total gemerkt, daß
es Gott gibt. Also: 1. Stunde Latein (Arbeit), ich
bete, daß Frau Steffen nicht kommt. Und sie
kommt nicht!

Karin, 15 Jahre, 03. 07. 1989

Heute war Frau P. (Lehrerin) ganz sauer und hat
ganz böse geschaut, weil es so laut war in der
Klasse. Aber selbst als sie so zornig war, hat sie
ganz wunderbar ausgeschaut.
Schade, es ist eine wirkliche Tragödie, daß dieses
Schuljahr schon wieder um ist. Das herzzerrei-

ßendste ist allerdings, daß ich höchstwahrschein-
lich nicht mehr Frau P. als Lehrkraft haben werde.
Das wäre mein schönster Wunsch für nächstes Jahr.
Wenn nicht, werde ich ihr Hunderte von Briefen
schreiben.

Sofia, 14 Jahre, 23. 01. 1996
Frau Disch ist ein Arschloch! Gestern fiel Mathe aus,
weil die Scheiß Disch ins Krankenhaus musste. Wir
hatten die Frau John in Vertretung und sie hat
gemeint, die Disch wäre <u>leichenblass</u> im Lehrer-
zimmer gehockt und musste <u>dringend</u> ins Krankenhaus gefahren werden. Also <u>dachten</u> wir, daß die
Mathe-Arbeit heute ausfallen würde und keiner
hat natürlich gelernt. Doch heute erschien die
Scheiß Disch, wie sie leibt und lebt, in der Schule.
Sie lief zwar etwas humpelnd, aber fröhlich wie
eh und je! Am Tag vorher hat es sich so angehört,
als ob sie kurz vorm Verrecken sei, aber nein, sie
tut uns nicht den Gefallen. Wir schreiben also
unsere heißgeliebte Mathearbeit, und was mache
ich? Ich verscheiße sie von vorne bis hinten. Naja,
wollen mal sehen, was dabei herauskommt! Ich
wollte im Zeugnis zwar noch auf eine 3 kommen,
aber daraus wird jetzt wohl nichts, aber was soll's.
Es geht mir doch grad am Arsch vorbei bei der Vix
Krüppelin.

Daniela, 13 Jahre, 06. 04. 1995

Scheiße, scheiße, scheiße!!! Der Spickzettel war doch noch in der Arbeit! Fuck!! Note 6!
Ich sprech von Bio! So eine Scheiße! Aber noch bescheuerter war, daß ich anfing zu heulen! Igitt! Da hab ich dann immer so ein rotes verquollenes Gesicht! Vor der ganzen Klasse hab ich mich blamiert!

Pia, 10 Jahre, 10. 05. 1996

Heute war ich in der Schule und wir hatten Bio. Jedenfalls haben wir das Thema <u>Der Menschliche Körper</u>. Erik hatte mir so ein Buch gegeben, wo erklärt wurde, wie man es macht, das gewisse etwas (zusammen schlafen). Ich finde es ziemlich albern, daß wegen jedem Wort, was mit Sex zu tun hat, gelacht wird. Das ist doch was total normales. Das werden die, die gelacht haben, später auch mal machen.

Mascha, 14 Jahre, 15. 11. 1993

Wir haben heute in der Schule 'n ganz schrecklichen Film gesehen, über das Waldsterben. Danach wäre ich gerne von Peter getröstet worden, aber der hatte keine Zeit für mich!!

Sven O., 10 Jahre, 1987

Erdkunde
Jesus wurde 1984 geboren
Dann kamen Kain Abel
Adam Eva Gott Mose

Erdkunde
Jesus wurde 1984 geboren
Dann kamen Kain Abel
Adam Eva Gott Mose

Laura, 17 Jahre, 22. 12. 2003

Die Angst vor der Zukunft ist riesig.

Marlene, 17 Jahre, 04. 01. 1997

Ich muss mir Gedanken über meine Zukunft machen.
Ich werde zum Berufs-Informationszentrum
gehen. Und ich verliebe mich. Und er soll sich auch
in mich verlieben.

111

Tabor, 12 Jahre, 07. 10. 1996

Wir fahren gerade ins Landschulheim und kommen von der Donauquelle. Wir sangen »Die Jägermeister« und kommen nach Immendingen. Ich denke ziemlich oft an Verena. In Immendingen ist die Donauversickerung. Der Wald ist hier schön bunt, doch es ist bedeckt und kühl. Im Bus ist eine ruhige, fröhliche Stimmung.

Um 14.00 Uhr sind wir hier angekommen und haben ein schönes Zimmer. Im Klo gibt es kein Toilettenpapier und man muss Papierhandtücher benutzen. Wir haben viele Süßigkeiten auf einem Regal, das neben meinem Bett hängt. Die im Nebenzimmer sind laut und haben irgendwie eine Beziehung zu einer anderen Klasse. Im Bus war es eigentlich kurzweilig (weil Jennifer neben mir saß).

Im Gruppenraum haben wir erst ein Lied gesungen und dann gab es eine »geile« Modenschau. Danach habe ich ein Kleid angezogen. Um eins sind wir eingeschlafen.

08. 10. 1996

Heute in der Bärenhöhle war es voll schön und gigantisch. Am Abendessen gab es Spätzle mit Hühnerfrikassee und Mandarinen als Nachtisch. Michael ist jetzt in unserem Zimmer, ihm stinkt das drüben (der Lärm) und Jan hat Kondome dabei. Irgendwie habe ich mich in Krachi verknallt. Die anderen haben nachts mit einem Walkie-Talkie mit den Mädchen aus der 8. Kontakt. Wir essen gerade Süßigkeiten. Jetzt lesen wir uns unsere Tagebücher vor (im Zimmer).

09. 10. 1996

Um 7.10 bin ich aufgestanden und habe mit Manuel, Karsten, Simon und Michael die Tische decken müssen. Nach dem Essen mussten wir abtrocknen, das hat Spaß gemacht.

Nadine, 19 Jahre, 30. 06. 2001

So, jetzt ist wieder ein Abschnitt meines Lebens vorbei. Die Schulzeit. Aus Ende.
In ein paar Jahren wird alles anders aussehen. Einige haben sicher geheiratet und Kinder bekommen. Andere studieren immer noch. Für mich stelle ich mir die Zukunft so vor: Ausbildung als Verlagskauffrau erfolgreich abschließen, arbeiten u. im Abendstudium Betriebswirt machen, mit 30 Kinder bekommen, und falls mein Mann weniger als ich verdienen sollte, macht er den Hausmann. Naja, so oder anders wird es kommen.

Lilly, 17 Jahre, 11. 08. 1988

Zu was nur so schuften? Was bringt es? Nur daß man abends gerade noch todmüde ins Bett fällt und sich bereits montags sehnlichst den Freitag herbeisehnt.

19. 09. 1988

Ich kann mir nicht vorstellen, daß mir mein Beruf einmal richtig Spaß machen wird. Anfangs dachte ich, das wäre nur eine Frage der Zeit, bis ich mich an das Arbeitsleben gewöhnt hätte. Aber es ist absurd und quälend, wenn man die Arbeit nicht mag. Und ich finde Heizungen, Pumpen und Gasleitungen nicht gerade umwerfend.

Ich wünschte, ich hätte noch mehr gekämpft, daß ich weiterhin zur Schule hätte gehen dürfen, oder daß ich den Mut hätte, mir etwas anderes zu suchen. Ich hoffe, daß mich mein Chef nicht übernimmt nach der Probezeit. Ich würde die nächsten dreieinhalb Jahre nicht überleben.

Ich lebe nur noch von Freitag zu Freitag. Von Freitag ab 17 Uhr bis Sonntagabend bin ich ein richtiger Mensch.

Daniela, 18 Jahre, 22. 09. 1999

Meine Eltern fragen mich ständig, was ich denn jetzt mal lerne, warum ich mir nur so wenig Zeit fürs lernen nehme usw. Und das kotzt so an! Dann

kommen immer noch Fragen über die Zukunft –
worauf ich keine Antwort weiß und ich's auch nicht
mehr hören kann!
Aber was soll ich machen: Die Frage über die
Zukunft zerwurmt mich auch so schon genug! Und
fast – oder eigentlich alle Berufe erfordern das
Beherrschen des Computers – null Chance!
Was gibt's eigentlich für Berufe? Ich glaube, daß
mein Hauptproblem darin liegt, daß ich eigentlich
gar keine Berufe kenne, außer die allgemein
bekannten! Und daß ich mir im Prinzip nichts richtig
zutraue! Ich bin nirgends richtig schlecht, eher
gut, aber richtig supertoll bin ich nirgends! Außerdem hab ich gar keinen Bock, mir darüber Gedanken zu machen, ich fühl mich noch nicht so alt, ich
bin noch nicht so alt – ich bin nicht fähig, eine solche Entscheidung zu treffen!!

Alice, 13 Jahre, 07. 10. 1992
Liebes Tagebuch,
ich weiß absolut nicht, welchen Beruf ich später
ausüben möchte. Ich bin einfach für nichts so
begabt. Mir würden
Schriftsteller
Politiker
Werbebranche
Rundfunk und Lehrerin
gefallen. Aber: Schriftsteller und Lehrer könnte

z. B. Yvonn besser, Politiker Lena, die Werbebranche kann ich mit meiner Einstellung nicht ver-
einbaren und über die Arbeit beim Rundfunk weiß
ich zu wenig.

Ella Carina, 13 Jahre, 05. 06. 1993
Der Jugend-Gottesdienst ist um. Oh! Es war unbe-
schreiblich schön, dieses Zusammengehörigkeitsge-
fühl mit allen, diese Wärme, diese Musik, alles ...!
Ich sehe Jesus + Co jetzt irgendwie ganz anders.
Ich hab gemerkt, daß man was aus seinem Glauben
machen kann! Und der Chorleiter ist auch voll süß!

Aline, 9 Jahre, 02. 02. 1997
Heute Morgen waren wir in der Kirche in Deilingen.
Da war ein Junge. Ich habe mich in ihn verliebt. Wo
wir die Hostie geholt haben habe ich ihn vorgelas-
sen. Ich habe ihn immer angeguckt, damit ich ihn
im Kopf behalte. Aber er hat es gemerkt und hat
zurück geguckt. Dann habe ich schnell wegge-
guckt. Leider ist er zu groß für mich.

Jana, 14 Jahre, 07. 06. 1995
Kirchenfreizeit zu Ende – LEIDER!
Habe neue Leute kennen gelernt, geraucht,
gesoffen und einfach nur eine geile Zeit in Luxem-
burg gehabt.

Karla, 12 Jahre, 05. 07. 1984

Ich würde gerne Zeugin Jehovas werden.

Alice, 16 Jahre, 21. 02. 1995

Heute bin ich durch Zufall einer alten Dame am Entenweiher begegnet. Sie las einen Band von einem Philosophen. Sie war achtzig Jahre alt und ich habe das Gefühl, zu früh gegangen zu sein. Ich glaube, ich werde sie in der nächsten Zeit am Entenweiher suchen gehen. Sie behauptete, der christliche Glaube sei nichts als Aberglaube. Ich fand, sie hatte oft Unrecht, ich konnte aber nicht die passenden Worte finden. Ich muss sie wieder- finden, um ihr zuzuhören.

Stefan, 14 Jahre, 29. 11. 1990

Ich habe nun bald Konfirmation, aber ich freue mich gar nicht.

Lilly, 16 Jahre 14. 06. 1987

Jörgi und Steve waren heute bei mir. Ich ließ dafür den Gemeindeausflug sausen. Das absolut geilste war die Motorradfahrt.

Steffi B., 12 Jahre, 05. 09. 1993

Heute haben wir uns über die Zeugen Jehovas unterhalten. Die wohnen in Wachtürmen und schie- ßen da Fuchsschwänze mit Überraschungseiern.

Nadine F., 12 Jahre, 05. 06. 1992

Wir wollen morgen nach Lüdgendortmund fahren und Sonntag in die Kirche. Da kann ich wenigstens, wenn ich schon in eine Kirche gehe, für Alexander und mich beten.

Daniela, 13 Jahre

Donnerstag, 6. 4.

Scheiße, scheiße, scheiße !!! Der Spickzettel war doch noch in der Arbeit! Fuck !! Note 6 !!!

→ Ich sprech von Bio! So eine Scheiße! Aba noch bescheuerter war, daß ich anfing zu heulen! Igitt!

Wieder viel passiert –
Das ganz normale Tagesgeschäft

Wencke, 15 Jahre, 23. 08. 1988

In den letzten Tagen (das war eigentlich nur Montag) ist überhaupt nichts (Dienstag inbegriffen) passiert.

Susanna, 14 Jahre, 07. 06. 1993

Heute war der stressigste Tag in meinem Leben. Nach der Schule musste ich erstmal das Planschbecken für meine Geschwister aufpusten. Dann gab es Mittagessen (musste ich mir selbst machen). Dann musste ich einen Fleck aus dem Teppich bürsten (den Fleck habe ich aber auch selbst reingemacht). Dann hat Madlen angerufen (1 1/2 Stunden gequatscht). Dann Franze lernen (1 Stunde). Dann Geld abholen bei der Bank für meine Sonnenbrille. Dann Sonnenbrille beim Optiker abholen. Dann Pfadfinder. Dann Aufräumen. Dann nach Hause. Dann Luft aus dem Planschbecken lassen und Garten aufräumen. Dann Abendbrot essen. Dann Fernsehen. Dann waschen. Dann ins Tagebuch schreiben. Dann schlafen. In meiner Sonnenbrille sind leider falsche Gläser drin. Sonst ist nichts wichtiges passiert.

Alexandra G., 14 Jahre, 21. 06. 1985

Heute ist ein denkwürdiger Tag:

1. Ich habe eine 1 in der Hauswirtschaftsschulauf-
   gabe!
2. Ich habe meine Periode bekommen!
3. Ich darf heute in die Europäischen Wochen!

Und jetzt muss ich essen.

Mascha, 11 Jahre, 22. 08. 1991

Es ist viel passiert. Erstmal ... (ich bin zu müde! Ich
schreibe ein andermal ...)

Aline, 10 Jahre, 28. 08. 97

Am Montag haben wir Tamagochis gekauft, aber
dann wollten wir sie doch nicht, aber sie lebten
schon. Wir brachten sie zurück und die Frau versucht jetzt sie zu verkaufen. Aber das Geld haben
wir nicht zurück gekriegt. Jetzt haben wir der
Mama alles erzählt, wir haben geweint. Ich wollte
eigentlich nichts essen, aber jetzt hab ich doch.
Das müssen wir ausbaden.

Sven O., 11 Jahre, 04. 02. 1988

Heute morgen habe ich, Sven, ein Toastbrot mit
Schoko gegessen. Dann mit dem Bus zur Schule
gefahren. Danach habe ich, Sven, Erbsensuppe
gegessen. Danach habe ich einen Mars gegessen.
Dann noch ein Mars, und dann bin ich ins Zimmer

gegangen, neue Fernsehzeitung angeguckt, dann ein bisschen Musik gehört und dann »Onkel Bill« geguckt (Wdh.). Dann »Die Waltons«, dann »Muppet Babies« gesehen. Danach kam Papa von der Arbeit. Dann »Matlock«. Danach musste ich ganz nötig aufs Klo. Dann, als ich wieder runter war, machte Papa mir ein Schwarzbrot und Graubrot mit Leberwurst. Danach sollte ich ins Bett, aber ich musste erst das Bett machen, weil ich habe eine Schlafcouch. Als ich dann im Bett war, hörte ich mir noch eine TKKG-Kassette an.

Alexandra W., 12 Jahre, 20. 06. 1986

Heute bin ich restlos glücklich. Mama und ich war'n in der Stadt. Supersachen gekauft
1 helle Jeans (60 DM)
1 weiße Bluse (40 DM)
1 weiße Jacke (10 DM)
1 Paar schwarze Schuhe (40 DM)
1 Rucksack Adidas (rot-schwarz, 30 DM) insgesamt 180 DM. Echt super. Nur hinterher war Mama voll gestresst. Nur rumgemeckert hat sie mit mir.

Niele, 13 Jahre, 10. 03. 1993

Gestern waren wir in der Kartoffelscheune und haben Kartoffeln aus einem Schacht gegraben. Am Abend habe ich meine Hose nicht zugekriegt (zu kalte, steife Hände).

Ellen, 13 Jahre, 27. 03. 1993

Ich war heute mit Britta in der Stadt, da haben wir einen Jungen gesehen, und 'nen Lachkrampf gekriegt. Wir sind ihm noch oft über den Weg gelaufen, mussten immer lachen. Beim letzten Treffen haben wir erst gemerkt wie süß er ist, aber dann war's zu spät.

Emma, 13 Jahre, 26. 03. 1988

Um 10 vor 3 Uhr sind wir (Silke und ich) zum Jahrmarkt los. Wir standen beim Autoscooter und sind insgesamt 16 Mal gefahren. Wir haben voll rumgerammelt. Auch bei Philipp und Timo.

Nadine F., 14 Jahre, 12. 09. 1993

Da uns langweilig war, probierten Natascha und ich das Rauchen aus. Wir klauten Nataschas Mutter vier Zigaretten. Ich zog einmal und konnte es auf Anhieb. Ich paffte alle zwei Zigaretten! Dann kauften wir uns eine ganze Schachtel, welche ich allein bis auf fünf Zigaretten, die wir dann wegwarfen, allein aufrauchte! Doch seit diesen zwei Tagen, an denen ich Erfahrungen mit Ziggaretten gemacht habe und beinahe richtig angefangen hätte, will ich nie mehr etwas damit zu tun haben!

Ella Carina, 16 Jahre, 27. 09. 1996

Eröffnung Mc Donald's. 2 1/2 Std. dagewesen.

Sarah P., 9 Jahre, Januar 1997

Heute bin ich kurz ins Wohnzimmer gegangen, da sah ich den Tacker und weil ich so dumm bin, tackerte ich mir in den Finger! Das tat weh. (Ich hab nicht geheult).

Karla, 12 Jahre, 02. 11. 1984

Wieder viel passiert:
   Deutscharbeit
   Englischarbeit
   immer noch in Mirco verknallt
   habe von Lasse Antrag
   Morgengewitter
   Kälte
   Regen
   Mirco neue Freundin
   Stephan neue Freundin
   Falk neue Freundin

Emma, 13 Jahre, 30. 01. 1988

Ich war mit Mama und Papa in der Stadt und habe einen BH bekommen. Schwierig sich zu entscheiden, wirklich.

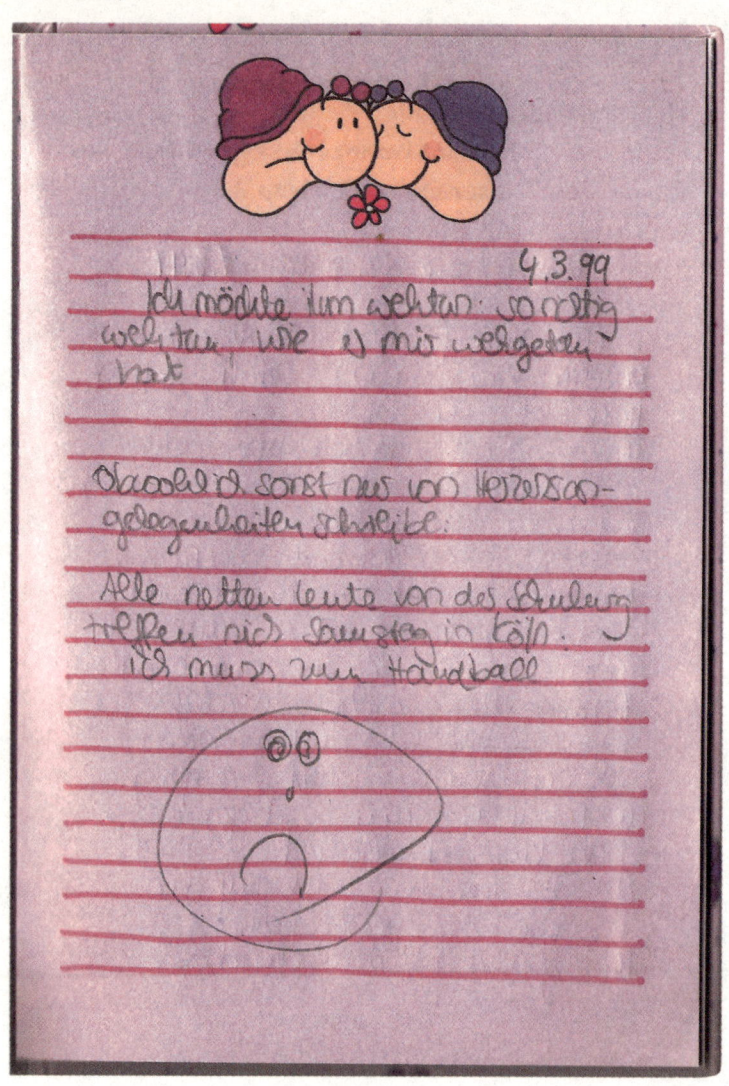

4.3.99

Ich möchte dann weiter so richtig
weh tun, wie es mir wehgetan
hat

Obwohl ich sonst nur von Herzensan-
gelegenheiten schreibe.

Alle netten Leute von der Schule
treffen sich samstag in Köln.
Ich muss zum Handball

Sven L., 13 Jahre, 06. 04. 1993

Heute bin ich um 10 Uhr aufgestanden. Hab
dann Fernsehen geschaut bis um 11.20 Uhr.
Später saß ich dann in meinem Zimmer und
hörte Musik. Ich klebte dann noch Korkenscheiben
auf bis um 13 Uhr. Nach dem Essen ging Mama mit
mir zum Arzt, dort hat man mir die Ohren ausge-
spült. Wir zwei waren noch kurz auf dem Friedhof.
Endlich waren wir zu Hause, da schaute ich Fernsehen. Ich bin dann um 22.30 Uhr ins Bett gegangen.

Kerstin G., 15 Jahre, 07. 05. 1999

Ich habe tierische Zahnschmerzen. Scheiß Kiefer-
orthopäde!

Jana, 15 Jahre, 01. 05. 1996

Von wegen: »Tanz in den Mai!«
Ich würde eher sagen, heul in den Mai.
Mir ist aus lauter Dummheit das Schlimmste passiert.
Sarah und ich sind total besoffen zum Engelsber-
ger Hof gefahren. Ich war so besoffen, daß ich
verpeilt habe, das Fahrrad abzuschließen und mei-
nen Rucksack aus dem Fahrradkorb mitzunehmen.
Nachher wollten wir fahren.
Aber unsere Räder und mein Rucksack waren weg!!!!
Die Fahrräder haben wir zwar heute wieder ge-
funden, irgendwo im Wald, aber meinen Rucksack

nicht. Und in meinem Rucksack war meine Reithose. 300 DM – einfach weg. Und ich liebe diese Reithose doch so. Fast täglich hab ich sie angehabt. Und jetzt ist sie weg. Einfach so!

Vielleicht liegt sie irgendwo da im Wald rum oder im Müll oder sonst wo. Ich kann nicht mehr, das ist zu viel für mich. Im Moment ist mir nichts wichtiger als die Reithose. Ich kann nicht mehr, muss schlafen und weinen.

Ella Carina, 14 Jahre, 10. 04. 1994
Kurt Cobain tot! Viel telefoniert.

Jessica, 14 Jahre, 11. 01. 1995
Heute war gleichzeitig ein Super und ein Scheißtag. Der erste Teil war super, die letzten 30 Minuten waren scheiße. Heute in der Schule hat mich Julius angesprochen. Er wollte mit mir telefonieren. Das war der Superteil. Ich hatte für den Rest des Tages gute Laune. Das dauerte dann an bis 21:15 h. Da habe ich ihn angerufen und mich 15 Minuten gelangweilt. Er hat nur von Schule und Tennis geredet. Genau die Themen, die mich besonders anöden. Es war schlimm!

11.10.95, Mittwoch
Heute war gleichzeitig ein Super und ein Scheißtag. Der erst Teil war super, die letzten 30 Minuten waren Scheiße.

Pia, 11 Jahre, 16. 10. 1996

Der Hase ist gerade hinter meiner Pinnwand. Der Hase hat vor Kurzem noch gebissen, ich weiß nicht warum, aber jetzt beißt er nicht mehr, das finde ich total schön. Er kommt an und hoppelt auf mir herum und leckt mein Gesicht ab. Ich fühle, da passiert was zwischen dem Hasen und mir.

Sandra, 14 Jahre, 21. 07. 1994

Gestern ham sie mein Vögi (meinen Kanarienvogel) eingeschläfert!! Er hatte nen Darmparasiten und wahrscheinlich ist es besser so, da braucht mein Vögi nicht mehr zu leiden. Ich stell' mir vor, daß er jetzt mit wunderschöner Gefiederpracht durch ein grünes Tal fliegt und viele Vögel als Gesellschaft hat und glücklich ist.

Sarah P., 9 Jahre, 1996

An Lisas Geburtstag waren wir bei Mc. Donels.

Merve, 12 Jahre, 06. 11. 1991

... das schönste Datum der Welt! Gleich werden sie mich runterrufen und dann bin ich die Hauptperson und kriege Geschenke. Außerdem klingt 12 J. besser als kindliche 11!

Kerstin G., 16 Jahre, 19. 04. 2000

Es ist so wunderschön draußen.
Bei der ganzen Sonne, den warmen Temperaturen, den bunten Blumen und den zwitschernden Vögeln bekommt man richtige Frühlingsgefühle.
Ich kann dieses Gefühl einfach nicht beschreiben.
Es ist so wunderbar.
Ich laufe durch die Straßen, es duftet ganz doll nach Blumen und ich habe die Melodie von Thomas D.s »Liebesbrief« im Kopf. Ich denke mir: »Wow, was für ein Tag!« Ich bin verliebt in Oli und alles ist super.
Ich atme ganz tief ein ... ganz tief und genieße das Leben und die Liebe.
Ok, ich gebe zu, der Tag heute war mal ganz Ok.
So, ich gehe jetzt Big Brother anschauen.

Marlene, 14 Jahre, 08. 06. 1994

Stell dir vor, du hättest nur noch einen Tag zu leben. Was würdest du an diesem Tag machen?
Das sollten wir uns heute beim Mädchenkreis überlegen.

Das ist schwer vorzustellen. Ich schreibe mal am besten einen Tagesablauf:

Ich würde so gegen 5 Uhr morgens aufstehen und einen langen Spaziergang im Wald mit meinem Hund machen.

Dann bis 11 Uhr zur Schule gehen, noch mal richtig auf den Putz hauen und den Lehrern alle Gemeinheiten zurückzahlen.

Den restlichen Tag möchte ich mit meinem Freund verbringen, zuerst mit ihm zum Bungee-Jumping und dann zum Segelfliegen gehen.

Gegen 17 Uhr würde ich mit all meinen Freunden ins Freibad und zum Eisessen gehen.

Den Rest des Tages würde ich mit meiner Familie verbringen wollen. Ich möchte mich bei allen bedanken.

Aber das Wichtigste ist, daß ich den ganzen Tag fröhlich bin und jede Minute ausgekostet habe. Doch gegen Ende des letzten Tages würde sich bei mir die Traurigkeit einstellen, daß ich alle meine Freunde und meine Familie und meinen Hund verlassen muss.

Jens, 15 Jahre, 19. 12. 1992

Immer noch kein Weihnachtsfeeling. Ich habe keine Ahnung, was ich mit diesem Abend noch anfange. Wäre zu cool, wenn Dennis noch anrufen würde, wegen Disco. Ich glaub's aber nicht.

Eigentlich ist heute nämlich auch wieder ein Tag, an dem ich mir nicht die Kante geben darf. Sonst labere ich wieder so viel Scheiße, die ernst gemeint ist. Bekloppt, oder?

Samstag, 19.72.92

Immer noch kein Weihnachts-feeling.
Ich hab' keine Ahnung, was ich mit diesem Abend noch anfange. Wär zu cool, wenn Dennis noch anrufen würde, wegen Diso. Ich glaub's aber nicht.
eigentlich ist heute nämlich auch wieder ein Tag, an dem ich mir nicht Kante geben darf.
Sonst labere ich wieder soviel Scheiße, die ernst gemeint ist.
Bekloppt, oder?

Kerstin G., 16 Jahre, 09. 11. 1999

Endlich ist es soweit! Gestern bin ich 16 geworden!
Sweet sixteen! Ein Jahr älter, ein Jahr reifer,
ein Jahr klüger ... und tatsächlich, ich fühle
mich schon viel erwachsener. Gestern habe ich
Geschenke gekriegt: Eine neue Stereoanlage,
100 DM und eine Schale mit Schwimmkerzen, die
total gut in mein blaues Zimmer passt.

Catharina, 18 Jahre, 20. 11. 1998

Es ist mein 18. Geburtstag. Freiheit fühlt sich verdammt geil an. Für mich ist sie sehr wichtig. Ich
sitze so gerne in meinem Zimmer, im Sommer auf
dem Fensterbrett. Dann lasse ich meine Füße bau-
meln, höre laut Musik, denke an nichts Bedrücken-
des, nichts was mich quält und einengt. Wenn ich
weiß, daß das ganze Haus leer ist und mich niemand
aus meinen Gedanken, meiner Zufriedenheit reißt,
mich niemand mit seiner Unzufriedenheit foltert,
dann bedeutet das Freiheit für mich.

Sarah P., 13 Jahre, 03. 10. 2000

TAG DER DEUTSCHEN EINHEIT! (Was geht mich das
an?)

Jessica, 17 Jahre, 06. 12. 1997

Nichtsahnend begab ich mich auf den Weihnachts-
markt, um mich an der vorweihnachtlichen Stimmung mit Hilfe von ein paar Glühweinen zu
erfreuen. Wie aus dem Nichts taucht er, der
Bezwinger meines Herzens, hinter dem roten
Schneeschirm auf. Wir flirteten, knutschten und
trennten uns um 22:30. Ein durchaus gelungener
Abend.

Sarah P., 13 Jahre, Dezember 2000

Ich habe über die Feiertage nichts geschrieben, es
ist ja immer dasselbe.

Ella Carina, 15 Jahre, 24. 12. 1994

Weihnachten. Singen, lachen, Kirche, fressen,
Geschenke.

Katrin, 16 Jahre, 31. 12. 2001

2001 zusammengefasst

Kinobesuche: 13
Konzertbesuche: 3
Reisen: 4
Freund: <u>0</u>
Cafébesuche: ca. 20 000
gelesene Bücher: ca. 18
gerauchte Zigaretten: ca. 1460

Jungen, die ich unter Umständen hätte haben
können (egal wie lange): 7
Jungen, die ich wirklich gern gehabt hätte: 3

Julie, 15 Jahre, 01. 01. 1988
Komisch, es fällt mir gar nicht schwer, 1988 zu
schreiben. Time is fleeting faster and faster.
Naja, ich weiß zwar nicht, was fleeting heißt,
aber es klingt so herrlich vergänglich.

Ella Carina, 16 Jahre, 31. 12. 1995
Scheiße! Heute geht das Jahr 1995 zu Ende!
Scheiße! Das will ich nicht! Ich habe voll Panik! Was
wird bloß im nächsten Jahr werden?

Melanie, 23 Jahre, 18. 11. 1996
Wenn noch mal was Aufregendes passiert, sage ich
natürlich sofort Bescheid.

Bis ca. 19 Uhr hab ich ihn geliebt –
Liebesglut & Herzschmerz II

Melanie, 13 Jahre, 01. 10. 1987
Ach Lili, sei froh, daß Du nur ein Tagebuch bist.
Liebe ist echt Scheiße, sage ich Dir!

Sarah P., 9 Jahre, 1996
Ich liebe einen Junge und für ihn bin ich wahrscheinlich nur ein laufender Müllhaufen.

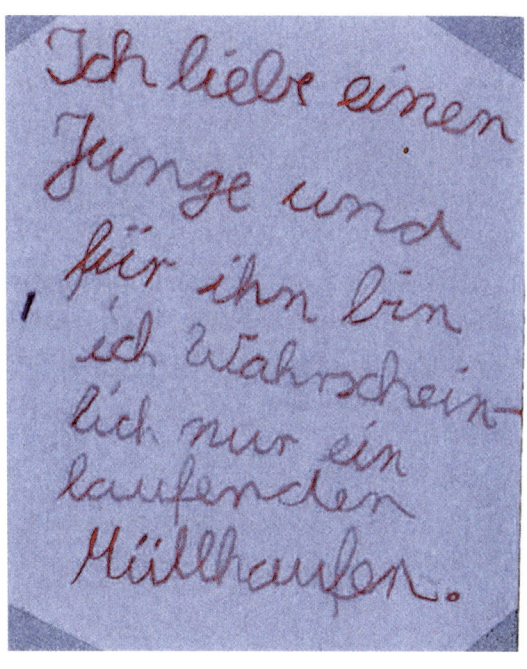

Betty, 16 Jahre, 23. 01. 1996

Ich habe alle Briefe von Anton verbrannt. Ich wollte die Asche vom Wind forttragen lassen, aber ich habe die Windrichtung falsch eingeschätzt und jetzt sind die Briefreste auf unserer Terrasse verteilt.

09. 04. 1996

Ich bin totunglücklich, daß ich die ganzen schönen Liebesbriefe verbrannt habe. Ich wünschte, ich hätte es nicht getan. Ich habe Anton jetzt schon seit zwei Wochen nicht mehr gesehen, seit unserem gemeinsamen Theaterbesuch. An dem Abend hat er mir endlich alles an den Kopf geworfen, von dem ich gehofft hatte, daß es anders sei. Er liebt mich nicht mehr. Aber auf der anderen Seite hat er mich umarmt und gestreichelt und hätte bestimmt sofort mit mir geschlafen, wenn ich es gewollt hätte. Er ist eben doch ein Mann. Durch ihn hatte ich noch Hoffnung für das männliche Geschlecht, aber jetzt muss ich wohl einsehen: Es gibt nur Schlimme und Minder-Schlimme.

Ella Carina, 13 Jahre, 21. 09. 1993

Im Moment seh ich in Torben das alberne, dumme, hilflose Kind. Und bis ca. 19.00h hab ich ihn geliebt ... komisch.

Nicola, 14 Jahre, 04. 09. 1991
Heute hat mich zum Glück noch kein Junge angerufen.

Steffi B., 13 Jahre, 08. 05. 1994
Hab Tante Annebertes Meerschweinchen alles über
Hanno erzählt.

Ella Carina, 15 Jahre, 05. 11. 1994
Komisches Gefühl. Es hat noch nie einer Schluss mit
mir gemacht. Ganz neue Erfahrung.

Silja, 18 Jahre, 20. 07. 1997
Mir fällt es schwer, zu Männern eine normale Beziehung aufzubauen. Quatsch, ein normales Verhältnis. Da wir gerade von Verhältnis sprechen, zu
Männern habe ich nur Verhältnisse, keine Beziehun-
gen. Wir verhalten uns, wir beziehen uns nicht. Wir
ziehen uns höchstens aus. Das ist traurig.

Jens, 17 Jahre, 13. 08. 1994
Vor ein paar Tagen habe ich ein Mädchen aus Berlin
kennengelernt.
Durch ein paar harmlose Spielereien entwickelte
sich bei mir ein Gefühl der Liebe (Scheiße ausge-
drückt).
Wir fuhren zu Moritz. Die anderen waren in Moritz'
Zimmer am saufen und nur Katrin und ich saßen auf

der Couch im Wohnzimmer. Wir machten das Licht aus und ich schwebte im siebten Himmel. Ich streichelte ihren Arm eine Weile, doch sie drehte sich um. Als ich den Arm weg nahm, sagte sie ›nein‹ und legte meinen Arm auf ihren Bauch. Also streichelte ich ihren Arm und ihren Bauch weiter, doch dann sagte sie: »Nicht immer den Arm streicheln«. Ich wusste, was sie wollte, doch irgendwie konnte ich nicht. Sie hat wohl gemerkt, daß auch ich wusste, was sie wollte. Ich aber habe wie ein Anfänger (was heißt wie?!) auf den Fernseher gestarrt und so getan, als wäre ich müde. Mein Gott, ich brauche auch meine Zeit!!!).

Nächster Tag

Ich bin mit Carsten ins Xtream. Als wir uns setzten, kam Katrin nach einer Weile an und setzte sich zu uns. Doch ich vermisste ihre Streicheleien (immer war sie es, die anfing, ich bin wohl auf diesem Gebiet noch zu unerfahren), also schaute ich weg. Deshalb, und wahrscheinlich auch wegen gestern ging sie kurz danach wieder fort zum Tanzen. Doch: dann zog sie mit Arschloch Kauffrisch (der Name dieses Scheißhaufens interessiert nicht) ab. Ich stellte mich doof dazu (Scheißsituation). Später: Ich saß wieder am alten Platz und schaute Arschloch wütend an, wie er mit Katrin rummachte. Ich hätte platzen können. Auch als

Katrin wieder tanzen ging, starrte ich noch wütend auf ihn. Er merkte das und winkte sie zu sich. Und diese alte Schlampe schaute zu mir und sofort wieder weg. Doch sie war so fies, ihn vor meinen Augen abzulecken, wobei sie genau wusste, daß ich hergesehen habe.

Ich wusste zwar im Unterbewusstsein wahrscheinlich genau, daß dies für sie nur eine Urlaubsbekanntschaft sein würde, doch ich glaube, ich habe sie wirklich geliebt. Sie hat mich mit allen Waffen einer Frau ausgespielt.

Ich fühle mich wie ein billiger Flummi, den man nach belieben ein paar mal aufspringen lässt, und ihn hin und her stößt, und dann bei Nichtgefallen einfach wegwirft.

Ich bin für diese Ferien geschädigt!

Doch am meisten kann ich mir selber vorwerfen: Wie kann man so dumm sein und sich Hals über Kopf in eine Urlaubsbekanntschaft verlieben!

Sie war meine Traumfrau.

Mein Gott, ich liebe und hasse sie zugleich!

Nadine, 16 Jahre, 21. 10. 1998

<u>Regel:</u>

1. Mein Freund wird mir nie wichtiger als meine Freunde!
2. Meines Freundes wegen geh ich nicht weniger weg!
3. Ich laber vor anderen nicht die ganze Zeit nur von ihm!
4. Ein Treffen mit ihm ist mir genauso wichtig wie mit meinen Freunden!
5. Ich laße mir nix vorschreiben!

Das alles schwör ich!

Sophia, 15 Jahre, 10. 12. 1995

Ich war ja gestern mit Janina bei dem Restaurant, wo sie arbeitet – sie hat das flirten echt drauf. Und ich? Ich flirte nie, jedenfalls merke ich das nicht. Ich halte mich da immer etwas zurück. Warum? Ja, warum eigentlich? Warum nicht rein ins Vergnügen?

Kerstin G., 15 Jahre, 08. 05. 1999

Seit einer Woche sind Berny und ich jetzt schon ein Paar. Er gibt sich jetzt auch in der »Öffentlichkeit« mit mir ab! Cool, oder?

Regel:

1. Mein Freund wird mit nie wichtiger als meine Freunde!

2. Meines Freundes wegen geh ich nicht wenigen weg!

3. Ich labere vor anderen nicht die ganze Zeit nur von ihm!

4. Ein Treffen mit ihm ist mir genauso wichtig wie mit meiner Freundin!

5. Ich lasse mit nix vorschreiben!

"Das alles schwör ich!
Nadine Winkel 21.6.98

Catsch, 13 Jahre, 23. 10. 1997

In Magdeburg, da wohnt mein Exfreund, Micha Herrmann. Ich glaube ich habe mich wieder in ihn verliebt. Er ist der einzige Junge, der normal geblieben ist. Die anderen sind alle so cool geworden, er aber nicht. Im Gegenteil. Er ist immer ganz lieb zu mir. Allerdings werde ich ihn nicht fragen, ob er mein Freund wird, weil ich schon 3 x mit ihm zusammen war. Immer wieder fing ich an und 3 x hörte ich wieder auf. Er tat mir immer so leid.

Marlene, 14 Jahre, 17. 03. 1994

Am Dienstag waren wir in eine Tanzschule eingeladen. Nach diesem Schnupperkurs wollen wir uns alle anmelden. Ich tanze wahrscheinlich mit Raphael Feldmann. Ich finde es auch besser, mit einem Kumpel zu tanzen als sich jetzt mit seinem Freund anzumelden. Bei mir kann dieses Problem ja eh nicht auftreten, ich habe ja nun mal keinen Freund. Leider! Wenn Björn Jule so ganz zärtlich küsst, kann man schon neidisch werden. Nicht wegen Björn, sondern allgemein.

Julie, 18 Jahre, 25. 07. 1990

Ich hätte gern mal einen Freund, aber einen, den ich liebe, und mit dem ich fernsehen und furzen kann.

Sarah P., 10 Jahre, 1997

Heute vor der Englisch-Stunde kam Jonas zu uns in die Klasse und fragte, ob ich mit Martin gehen würde! Ich hätte gerne »Ja!« gesagt, aber ich traute mich nicht.

10 Jahre, 1997

Das mit Martin ist nicht mehr so toll. Luisa hat gefragt, er will nichts von mir, tja, that's reality!

10 Jahre, 1997

Manchmal nervt Luisa richtig, ich hab ab und zu das Gefühl, sie macht mich absichtlich eifersüchtig wegen Martin! Sie ist sich voll sicher, daß alle Jungen der Welt voll in sie verknallt sind! Dann meint sie, Phil und Johannes haben sie ja die ganze Stunde angestarrt. Mich gucken sie auch an! »Aber bei Dir ist das ja was anderes«, würde Luisa sagen. Das regt mich voll auf!

10 Jahre, 1997

Irgendwie geht mir Martin nicht aus dem Kopf. Abends denke ich an ihn, um besser einschlafen zu können.

10 Jahre, 1997

Heute haben Luisa + Ich + Martina + Ann über Luisas Geburtstags-Fete geredet. Luisa will auch was von Martin! Keiner sagte »Sarah, den kriegst Du« oder sowas. Bei Luisa sofort. Sie sagten alle, Luisa und Martin sollen in einem Zelt schlafen.
Ich deute immer an, daß ich noch was von Martin will. Wenn Luisa es wissen würde, wäre sie vielleicht ein bisschen rücksichtsvoller.

10 Jahre, 1997

Ich habe Luisa erzählt, daß ich noch was von Martin will. Sie hatte keine Probleme damit. Ich träume oft davon, daß Luisa sich bei ihrer Party voll an ihn ranschmeißt, es ihn nervt und er zu mir kommt. Reality: ist anders, zu anders, leider!

11 Jahre, 1998

Luisa ist jetzt mit Martin zusammen! Klar, ist nicht mein Problem, aber ich glaube, sie nutzt den armen Kerl nur aus, um einen Freund zu haben und ihr Image als Flittchen zu verteidigen!

Daniela, 16 Jahre, 15.12.1997

Mein Leben hat sich auf einmal veröhndert: Ich bin verliebt und habe einen Freund! Mein Freund! Wir unterhielten uns den ganzen Abend und als ich gehen musste, ergriff ich die Initiative und nahm seine Hand. Dann küssten wir uns: und das war schrecklich!

Nina, 12 Jahre, 31.07.1993

Miteinander gehen?
Was kann man sich darunter vorstellen?
a) andauernd nur rumknutschen?
b) sich nur als ein Paar ausgeben?
c) etwas zusammen unternehmen?
Ich glaube, das weiß keiner so genau!
Eben gerade kam Dominik K. vorbei. Er wollte mit mir gehen. Ich habe mich geweigert, zu ihm raus-zugehn. Denn schon in meinem Alter ist es schwer, eine derartige Entscheidung zu treffen!

Petra, 14 Jahre, 20. 05. 1989

Die Beerdigung war schlimm. Am Grab, als ich die Blumen reingeworfen habe, da musste ich voll heulen!

Aber da war ein Messdiener mit braunen Locken und grauen (glaube ich wenigstens) Augen. Der war voll süß.

Irgendwie ist es ja unpassend, an so etwas auf 'ner Beerdigung zu denken. Und die Beerdigung war ja schließlich nicht irgendeine, sondern die von Opa! Aber ich kann ja nichts dafür. Was tut Opa jetzt wohl gerade? Das würde ich gerne wissen.

Hoffentlich dient der Messdiener Sonntag wieder!

23. 05. 1989

Ich weiß, wie ER heißt! Michael Grassner! Ich hab angerufen und ER war dran! Er hat eine richtig sympathische Stimme! Hab schnell wieder aufgelegt.

29. 05. 1989

Donnerstag muss er dienen. Ich grübele die ganze Zeit, was ich tun soll. Soll ich hingehen? Auf der einen Seite ist es gut, dann sehe ich ihn. Auf der anderen Seite ist es schlecht, denn was soll er von mir denken, wenn ich an einem <u>Donnerstag</u> zur <u>Kirche</u> gehe?

11. 07. 1989

Ich bin deprimiert! Mit Michael G., das ist alles aus.
Hab mich nicht getraut anzurufen und irgendwie
sehe ich ihn ja auch sowieso nie. Es ist echt aus.
Ach Mann, alles ist scheiße!

Ellen, 16 Jahre, 13. 11. 1995

Frank ist so toll! Er ist so lieb, süß, ehrlich, witzig, intelligent, vernünftig ... und dieser Hintern!

Mary, 16 Jahre, 03. 07. 1988

Oh je, gestern Abend waren wir im C6, da kam Eddie ... er war ja so wahnsinnig schön gestern Abend – aber er hat kein einziges Wort mit mir gewechselt. Ich fall echt fast um, wenn ich ihn sehe, er ist mein absoluter Traumtyp. Trotzdem: Vom Geistigen her ist er der absolute Arsch. Hasst Ökos, zertrampelt Naturschutzgebiete, ist anscheinend auch noch überzeugter Katholik (Kloster etc.) und außerdem kann man sein sau-dummes Geschwätz NIE ernst nehmen. Und trotz-dem hat er etwas. Wahnsinn, das bringt mich ein-fach zum SCHREIEN!!!!!
WENN ER DOCH WÜSSTE, verdammt nochmal!!
Was geht bloß in diesem wunderschönen Kopf vor. Was ist das nur für ein Mensch. Wer ist da drin in diesem coolen Körper?

Nina, 12 Jahre, 04. 12. 1993

Seit dem 31. 7. 93 hat sich viel geändert!

a) Mama hat wieder eine Beziehung aufgebaut

b) ich habe kurze Haare

c) Ich habe einen Freund in Aussicht

Da kommt schon einiges zusammen!

Zu

a) Ich finde Jörn in Ordnung. Er ist ein netter Kumpel. Versteht Spaß. Einer, mit dem man »Pferde stehlen« könnte.

b) Zu diesem Entschluss bin ich von selbst gekommen. Ich wollte mal was anderes probieren!

c) Heiko. Ich finde, er ist richtig nett!!!! Allerdings überlege ich, ob ich nicht lieber ein »guter Freund« für ihn bin, anstatt »mit ihm zu gehen« (wie es doch so schön heißt).

15. 01. 1994

Tja, Heiko ist zwar ganz nett, aber ich glaube, meine Gefühle für ihn waren wohl doch nicht so wirklich. Seit der Weihnachtsfeier vom Volleyball ist nämlich alles anders. Dominik hat meine Gefühle völlig durcheinander gewirbelt!

29.01.1994

Ich weiß nicht, was mit mir los ist! Dominik. Ich bin unsterblich in ihn verliebt. Das hört sich vielleicht doof an aber: Immer wenn ich Musik höre (bzw. langsame Musik höre), muss ich an ihn denken.

25.09.1994

Ach, ich glaube von Dominik komme ich einfach nicht mehr los. Ich liebe ihn so sehr. Übrigens habe ich seit einiger Zeit eine sehr gute Freundin, Melissa. Sie war mal mit Finn zusammen. Sie hat genau wie ich Liebeskummer. Sie wegen Finn, den ich auch total süß finde, und ich wegen Dominik, den Melissa auch gut findet, obwohl sie nur seine Stimme gehört hat.

17.10.1994

ENDLICH!!
Ich bin <u>nicht mehr</u> in <u>Dominik</u> <u>verliebt</u>! I love <u>Finn</u>!

Sophia, 15 Jahre, 09. 12. 1995

Es ist echt verrückt! Im Moment denke ich echt fast nur an Daniel. Sein Lächeln ist ein wenig wie das von Hugh Grant.

Nadja, 16 Jahre, 23. 02. 1998

Ich kann mich vor Liebe kaum halten. Ich hab 'ne neue Nr. 1 auf meiner Liste:
1. Robert
2. Die 2 Thomas(se)
3. Eric/Nicky
4. Felix/die 2 aus Regensburg, usw.

Ich liebe euch.

Soll er doch, soll er, soll-soll-soll!

Kann ruhig ne Superfreundin haben. Und ich steh jetzt da wie der letzte Dreck. Himmel, warum reg ich mich darüber auf!!! Ich will doch nix mehr von ihm. Doch. Ihn erwürgen!

Warum müssen meine Exfreunde so tolle Freundinnen haben!

Jens soll keine Freundin haben. Jedenfalls nicht so ne nette wie Miriam Raake. So'n PISS!

Ich fass es nicht! Mark war gestern tatsächlich noch bei diesem doofen Uwe. Ich war grad bei ihm und er hat mir erzählt, daß er gestern nach dem Tanzen noch mit zu ihm gefahren ist. Ich dachte, ich platze! Die ganze Zeit macht der ihn doch schon an. Ich hab ja echt nix gegen Schwule, aber warum muss der sich an meinen Freund ran machen? Na ja, jedenfalls sind die beiden sich gestern wohl näher gekommen und Mark erzählt das, als ob das ganz normal wäre. Boah, ich könnte schreien!! Sie haben rumgeknutscht und Uwe hat ihm einen geblasen. Aaaaaaaaahhhhhh!!!!!!!!!!

Ich hab zwar immer befürchtet, daß der Arsch es versucht, aber ich hätte nie gedacht, daß Mark drauf eingeht! Ich bin so wütend und entsetzt, daß ich gar nicht richtig traurig sein kann. Einerseits könnt ich ihn umbringen, aber irgendwie hab ich ihn ja auch lieb. Gestern war doch noch alles gut! ... dachte ich ... Verdammte Scheiße!!

Emma, 13 Jahre, 10. 03. 1988

Wieso bekomme ich nie einen ab? Seit nem halben Jahr solo!

Laura, 16 Jahre, 10. 12. 2002

Ich habe beschlossen, meine Stimmung nicht mehr so sehr von Männern abhängig zu machen.

Betty, 17 Jahre, 11. 05. 1997

Ich hasse Basketball und die NBA und sowieso alle Sportkanäle! Wo liegt der Reiz? Also, irgendetwas muss dieser Sport haben, was unglaublich faszinierend ist. Ich wünschte, ich wäre auch so spannend wie Basketball, vielleicht wäre ich dann für ihn genauso wichtig? Es muss toller sein als Sex, toller als sich Wiedersehen nach Wochen; es muss toller sein als Arm in Arm auf dem Bett liegen und sich unterhalten.

Ich gebe zu, ich bin ein wenig <u>sehr</u> eifersüchtig. Jeden Sonntag bin ich kurz davor zu heulen, weil ich hoffe, daß ich vielleicht dieses Mal wichtiger bin, und dann werde ich wieder enttäuscht. Wieso setze ich mich überhaupt in Konkurrenz zu diesem Ballsport?

Ich wünsche mir, daß ich mal irgendwann für einen Sonntag wichtiger bin, daß ich so spannend und unterhaltsam bin, daß er einfach vergisst, um 22:30 Uhr für die NBA-Übertragung zu gehen.

Ellen, 15 Jahre, 12. 09. 1995

Scheiße. Seppel und ich sind vorübergehend (?) nicht mehr zusammen. Er ist sauer auf mich, weil ich fremdgegangen bin und möchte nicht mit mir reden. Ich verstehe ja den Grund, aber er übertreibt es mit »Beleidigte-Leberwurst-spielen« nun wirklich.

Jannis, 15 Jahre, 14. 06. 1991

Ich bin fünfzehn und nicht normal. Nicht, daß ich wüsste, was normal zu sein bedeutet. Ich weiß nur, daß ich es offensichtlich nicht bin. Vor allem, wenn ich mit meinen Freunden zusammen bin und mit ihnen rede. Worüber? Über Mädels. Franks Traumfrau heißt Anna. Die von Matthias Elsa. Die von Christoph Nicole. Und meine Tom.
Tja, Tom. Ich weiß, das hört sich nicht gerade weiblich an. Das liegt daran, daß SIE halt ein ER ist. Wie gesagt, liebes Tagebuch: Ich bin nicht normal. Tom. Er ist so niedlich. Seine braunen, wuscheligen Locken. Ich LIEBE Locken! Er macht mich so wahnsinnig. Seine glasklaren, grünen Augen. Seine Anwesenheit macht mich nervös. Er kommt aus München und hat so einen furchtbar süßen Akzent. Schon sein Servus ist so schrecklich goldig. Ich möchte ihm 20 Mal am Tag Hallo sagen. Mir schlottern die Knie.
Die letzten Wochen habe ich viel über mich nach-

gedacht und nichts mehr geschrieben. Aber ich habe gut zugehört, wenn über Schwule geredet wurde. Am Ende glaube ich denen noch, daß ich meine Mutter unendlich vergöttere (nun, das kann man jetzt wirklich nicht behaupten), rosa mag (mein Fahrrad ist pink, aber das zählt doch nicht), Fußball hasse (gar nicht wahr, ich liebe diesen Sport, fesche Sportler in kurzen Hosen, denen man um den Hals fallen darf, wenn sie ein Tor schießen ...) und vorm Fernseher heule (wer bei Schindlers Liste nicht weint, ist ein menschliches Wrack, das keine Gefühle zeigen kann).

Wieso denke und fühle ich nicht wie die anderen, wieso können sie mich nicht verstehen? Wieso müssen sie mich doof anmachen, wenn ich auf den Satz: »Hey, die hat ja eine Hand voll!« nicht reagiere? Mich interessieren die Brüste meiner Klassenkameradinnen nicht. Ich weiß auch nicht, was mich an Jungs interessiert. Ein knackiger Arsch, eine männliche Brust? Ich weiß nicht. Sein Gesicht, seine Augen?

Nicht daß ich mich schon in viele Jungs verliebt hätte. Ich bin fünfzehn. Ich habe noch nicht viel erlebt.

Das erste Mal hatte ich dieses besondere Gefühl einem Jungen gegenüber vor einem Jahr. Ich habe es nicht hier hinein geschrieben, ich habe dieses ganze Jahr nichts herein geschrieben. Ich dachte:

Wenn ich es aufschreibe, dann ist es so, dann kann ich nicht mehr »normal« sein. Dann bin ich es. Schwul! Ich bin es auch. Es ist jetzt okay für mich. Wirklich. Trotzdem sag ich es keinem.

Martha, 15 Jahre, 23. 01. 1999

Morten ist auch süß. Es gibt so viele süße Jungs, mit jedem würde ich was anfangen. Egal, wer es ist.

26. 01. 1999

Im Moment würde ich bestimmt jeden nehmen. Aber wer würde mich nehmen? Ich sollte Nonne werden oder lesbisch oder mich umbringen.

07. 02. 1999

Ich würde, glaube ich, jeden nehmen.

nochmal 7.2.99

Ich würde glaube ich, jeden nehmen. BITTE KÜSS MICH DOCH MAL JEMAND!

Alexandra W., 12 Jahre, 20. 06. 1986

Alle sagen, Nico ist ja voll nett. Ich will nicht mit ihm gehen. Ich finde Thorsten echt besser. Der hat mit seinem Bruder zusammen ca. 10 Paar Adidas Turnschuhe!!! Jeden Tag andere an!

Na klasse, ich sitze hier, höre Depri-Musik und bin traurig, traurig, traurig. Ich kann nur noch an Peter denken. So schlimm war es noch nie. Warum hilft mir eigentlich keiner. Es tut echt weh. Gleich hole ich die Fotos aus dem Ski-Lager ab. Dann kann ich mir Peter ständig ansehen, so oft, wie ich ihn fotografiert habe. Dann lege ich mich aufs Bett, halte ihn in der Hand, höre noch mehr Depri-Musik und kann mir mal wieder selbst leid tun.

Abends bin ich zu Paul!! Er ist fast zu süß. Einmal meinte er: »Wenn ich zu weit gehe, sagst Du Bescheid.« Was ich sehr lobenswert finde!! Na, mal sehen wie es jetzt weiterläuft. Aber wir sind schon so gut wie zusammen!

02. 02. 1990

Abends mit Paul zu Jerome. Paul war schnell blau. Zwischendurch haben wir uns zwar auch mal geküsst und er meinte auch, daß ich seine »Halbfreundin« bin und er will auch keine feste Freundin haben, denn er hat ja mich! Ich hab ihn ja auch wirklich lieb! So dermaßen lieb. Total schlimm.

16. 02. 1990

Ich war bei Paul. Es war so wunderschön!! Zu schade, daß wir nicht zusammen sind. Obwohl da kaum ein Unterschied ist – außer in der Öffentlichkeit.

04. 03. 1990

Ich war bei Paul. Erst haben wir uns unterhalten, nachher haben wir uns auch gekrault! Ich habe ihm dann gesagt, daß ich ihn immer noch lieb hab. Da meinte er, daß er mich auch lieb hat, daß er Henriette aber noch lieber hat.

Aline, 11 Jahre, 06. 05. 1998

Lieber S., I love you. Ich liebe dich, nur dich. Du bist nämlich süß und nett, auch wenn du Kelly-Family-Fan warst.

Ellen, 14 Jahre, 02. 09. 1994

Ich gehe heute Abend zu Daniel. Er ist so süß.
WIE'S WAR:
TREFFEN UM: 19.30 h
WAS ER TRUG: Grüner Pulli, schwarze Jeans
WAS ICH TRUG: Esprit-Pulli, rotes Teil
WELCHER VIDEO-FILM: Stark v. Stephen King
WAS WIR SO MACHTEN: rumknuddeln, schmusen, streicheln, küssen
WIE DER FILM WAR: Was weiß ich??!?

Karin, 15 Jahre, 08. 08. 1989

Der Cousin von Greta, der Engländer, hat mir gut
gefallen. So hübsch und süß, hatte Witz, konnte
sich aber auch wieder fangen. Er war der erste,
der mir auf Anhieb gefallen hat. Hätte er gesagt
»let's go«, ich wäre mit ihm gegangen.
Jetzt ist er in England. So ist das.
Verzweifeln könntst!

Marlene, 17 Jahre, 08. 12. 1996

Kaum zu glauben aber wahr: Marlene küsste nur
4 Jungs in ihrem 16. Lebensjahr.
Ich bin so eine Flasche. Insgesamt habe ich erst 8.

Karla, 12 Jahre, 24. 06. 1984

Ich glaube, ich bin in Ben verliebt. Ganz gutes
Wetter.

28. 06. 1994

Ich muss die ganze Zeit an Ben denken. Jetzt kann
ich mich gar nicht mehr über meine 3 freuen, da
Ben in Mathe und Englisch eine 4 kriegt.

02. 07. 1984

Heute ist alles auf den Sperrmüll gekommen, was ich liebte. Der alte kaputte Rasenmäher, auf dem man so schön Seifenkisten fahren konnte, das Schaukelgerüst, mein alter Trecker. Und Ben auch. Vielleicht hole ich ihn runter, wie den Rasenmäher und den Trecker. Vielleicht aber auch nicht.

08. 07. 1984

SCHREIEN! Ich möchte das Wort Liebe in die Welt schreien. Damit es jeder hört. Noch zwei Tage und dann sechs Wochen Ben nicht mehr sehen. Jaul, schnüff. Ich schreibe Ben so gerne, Ben, Ben, Ben, Ben, Ben. Ich will diesen Namen nie vergessen. Es ist alles so brutal und sanft, hübsch und kränkend, braune Haare und blaue Augen, Breakdance, Rugby und Muskelkater, Härte und Sänfte, Kraft und oft kindlich … ich werde ihm schreiben.

29. 10. 1984

Ich liebe Ben nicht mehr. Marie kann ihn sich holen.

Nadine, 16 Jahre, 28. 02. 1998

Ich kann den ganzen Tag nur an Lasse denken, obwohl ich weiß, daß ich keine Chance bei ihm habe.

13. 03. 1998

Lasse ist und bleibt für mich einer der süßesten Jungen, die in Donau rumlaufen. Schade, zum Geburtstag schnapp ich ihn mir wohl nicht mehr, aber vielleicht danach? Man wird sehen!
Auf jeden Fall hat die Bianca uns erzählt:
1. Er hat noch nie mit einem Mädchen geschlafen
2. Er trägt Diesel-Unterwäsche

26. 03. 1998

Manchmal komm ich mir doof vor, weil ich Lasse so anhimmle, aber andere schwärmen für Leo di Caprio, ist das besser?

25. 04. 1998

Ich frage mich was; ich glaube, Tagebuch, darauf kannst du mir auch keine Antwort drauf geben, aber warum hat Gott mir in Mathe die 3 und in Englisch die 2 ermöglicht, doch Lasse ermöglicht er mir nicht?

Mascha, 13 Jahre, 10. 09. 1993

Habe einen tollen, lustigen, süßen und zärtlichen
(na ja, evtl. etwas <u>zu</u> zärtlich) Freund.

Jana, 14 Jahre, 07. 06. 1995

Kannst Du mir nicht mal meinen Traumtypen mit
langen braunen Dreads, braunen Augen, guter
Figur, ausgeflippten Klamotten und dem liebsten,
ehrlichsten, treuesten Charakter vorbeischicken?
Das würde mich mal wieder auf Trab bringen.

Mary, 16 Jahre, 28. 10. 1987

Ich hab's ihm gesagt.
Er kam heute Mittag. Mein Gott, es war so schwer.
Ich wollte ihm ganz einfach nicht wehtun, aber
ich sagte dann doch, daß ich eine Beziehung, wie
er sie sich wünscht, nicht richtig fände.
Die größte Scheiße war, daß ich die falsche Kas-
sette eingelegt hatte: »The Last Unicorn«. Das
hat ja voll gepasst.

Sandra, 16 Jahre, 29. 09. 1996

Mit dem Sascha verstehe ich mich echt mal gut.
Morgen rufe ich ihn an, in der Werbepause von
»Raumschiff Voyager«.

Mary, 17 Jahre, 24. 05. 1989

Oh verdammt, ich sehne mich irgendwie nach Mario. Und irgendwie auch nicht. Was ich echt komisch finde: Am vorletzten Sonntag hat er meine Nummer auswendig gewusst, und letzten Sonntag hat er nicht mal mehr gewusst, daß er sie mal gewusst hat.

Merve, 14 Jahre, 07. 11. 1993

Weißt du was? Heute Morgen hab ich mir zum 1. Mal vorstellen können, wie Geschlechtsverkehr ist! Es war toll! Hab mir vorgestellt, ich wär mit Danilo abends am Meer, und nachdem wir mit Klamotten gebadet haben, haben wir uns die Sachen abgestreift und dann …
himmlisch!

13. 11. 1993

Es war <u>himmlisch</u>! Dieser Tag könnte in die Geschichte eingehen, er war so ziemlich der schönste meines Lebens! Danilo und ich haben PUR gehört und uns ca. 2 Std. <u>ganz</u> eng aneinandergekuschelt. Ich war so vernarrt in ihn! Er hat mich auch ein kleines bißchen an den Busen ~~gepackt~~ gestreichelt! Er hat mir ganz lieb über den Body gestreichelt. Warum hatte ich den nur an? Da konnte er doch nicht drunter!
Einmal hat er ›Schatz‹ zu mir gesagt! Süß, wa? Ich

konnte seine Fragen schlecht beantworten, hab
nur rumgeschnurrt! Manchmal, wenn wir so eng
umschlungen dagelegen haben, hat er gaanz
komisch in die Ferne geguckt. Da hab ich gefragt:
»Woran denkst du?« »An so vieles, vor allem an
dich!«, war die Antwort.
Ich glaube, das wird zwischen uns was Festes. Toll,
daß ich mit 14 Jahren schon die große Liebe
gefunden habe!
Ach Danilo, wenn du wüsstest, daß mein ganzes
Herz von dir gelenkt wird! Ich kann dagegen kämpfen oder es lassen, ich werde dich EWIG lieben,
hörst Du?? Du bist meine gaanz große Liebe, und
wir werden für unsere Liebe kämpfen. Ne?

Jana, 14 Jahre, 11. 06. 1995

Ich hatte die schönste Nacht meines Lebens. Mit
JOCHEN! Ich wünsche mir, daß wir zusammenkommen. Oh ja, das wünsche ich mir über alles. Ich
glaube, daß diese Beziehung mein absolutes Glück
bedeuten würde. Ich kann heulen bei der Vorstellung, daß es diese Beziehung vielleicht nicht geben
wird.

13. 06. 1995

Jaaaaaaa, ich hab ihn überwunden, den inneren
Schweinehund (wie Heike heute bei Viva gesagt
hat). Ich hab ihn angerufen.
Eins sage ich Dir, diesmal ziehe ich die Sache durch,
nicht so wie bei Frank und Matze. Denn der Jochen
ist was ganz besonderes. 022516/12382 ist seine
Nummer ...

14. 07. 1995

Wir werden uns 4-5 Wochen nicht sehen, aber ich
habe mir vorgenommen, im Urlaub nicht nur an ihn
zu denken.
Wenn wir wieder da sind, beginne ich noch mal von
vorn und bin mir sicher, daß ich es schaffe. Solche
Gefühle verliert man doch nicht innerhalb von
fünf Wochen.

01. 09. 1995
Endlich ist mir ein Licht aufgegangen!!!
Jochen ist ekelig, doof, ein Asi-Öko und all meine
Gedanken und Gefühle reine Zeitverschwendung.
Ich kann nicht mehr verstehen, was an dem toll
ist. Gott sei Dank hab ich mit dem nichts mehr am
Hut!

Julie, 18 Jahre, 25. 07. 1990
Ich werde Stefan nie vergessen, diesen Idioten mit
den Veilchenaugen.

Magdalena, 11 Jahre, 29. 09. 1999
Ich liebe Oskar zu etwa 30 – 50 %, Michi zu 10 – 15 %
und Christian zu etwa auch 10 – 15 %.

Stefan, 13 Jahre, 27. 04. 1990
Als ich sie vom Nahen sah, sah ich erst diese Schönheit, sie hieß Mélanie. Es gab zwar Sprachschwie-
rigkeiten, aber das war nicht so schlimm ... Am Donnerstag haben wir uns wiedergetroffen. Wir gingen
Pommes essen, aber Mélanie und ich aßen keine. Am
Anfang redete ich wenig, weil ich Muffe hatte. Ich
brauchte ihr nur in die Augen zu sehen, dann sah
ich, was sie meinte.
Als ich mich dann verabschieden wollte, kam sie mir
schon etwas entgegen. Als sie dann in den Bus
musste, haben wir uns ein paar Mal umarmt und

»Auf Wiedersehen« gesagt. Diese kurzen Tage werde ich nie vergessen.

Marlene, 16 Jahre, 20. 09. 1996

Ich verstehe mich voll gut mit Susan. Wir haben eine Playgirl gekauft und uns die Schwänze angeguckt. Ich kann mir nicht helfen, aber ich fand sie alle abstoßend. Wie kann ich jemals mit einem Jungen schlafen, wenn ich sein Geschlechtsteil ekelig finde?

Sophia, 15 Jahre, 21. 12. 1995

Bin ich überhaupt schon in der Lage, einen Freund psychisch auszuhalten?

Flora, 13 Jahre, 24. 05. 1990

Ich bin gestern das erste Mal gefragt worden, aber von einem Jungen, von dem ich es nie erwartet hätte, nämlich Joshua, ich sollte mich jetzt oder nie entscheiden, und ich hab das Angebot angenommen und gleich 3 Küsse kassiert. Das war ein Gefühl, sag ich dir.

26. 05. 1990

Der Joshua hat angerufen und hat gemeint, er müsste mich sehen, weil er was wichtiges sagen will. Er hat Schluss gemacht, heul. Er hat gemeint, als Kumpel sei ich 1000mal besser. Was soll's. Danach haben wir Leute am Telefon verarscht mit »Ich bekomme den Wasserhahn nicht aus, können sie mir helfen«, danach hatte ich noch ein bisschen Liebeskummer, aber dann war alles wieder klar.

Karla, 12 Jahre, 13. 12. 1984

Jetzt werde ich die Jungen, in die ich mal verliebt war oder bin, in ABC-Folge bringen.

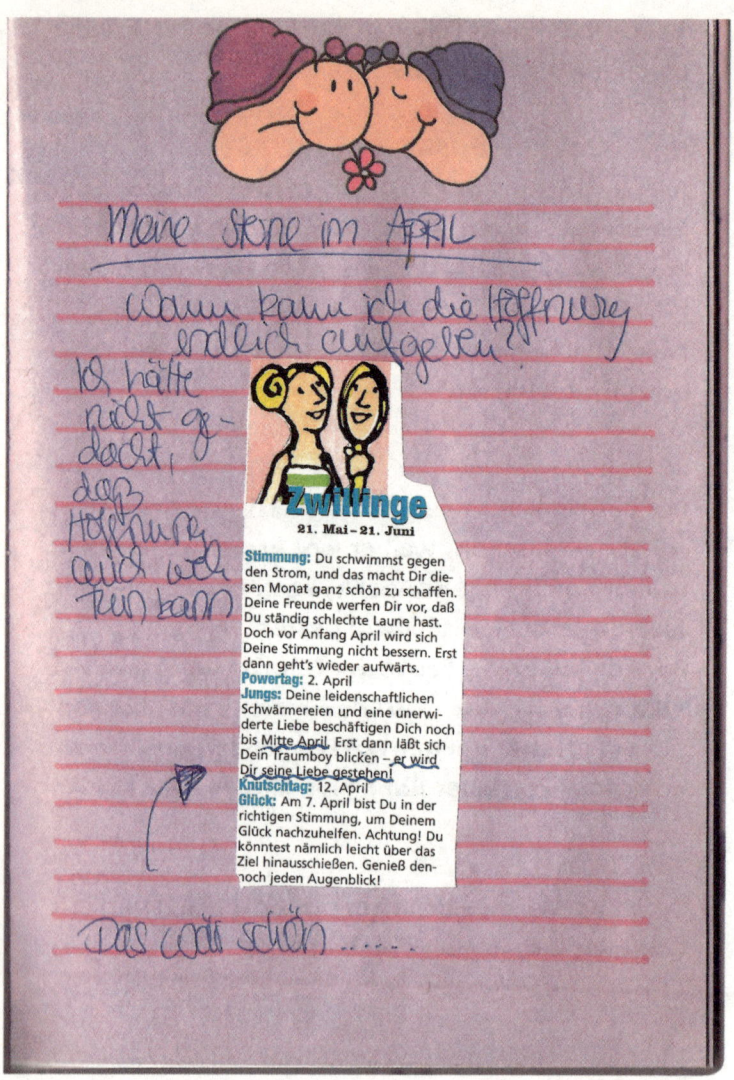

Meine Sterne im APRIL

Wann kann ich die Hoffnung
endlich aufgeben?

Ich hätte
nicht ge-
dacht,
daß
Hoffnung
auch weh
tun kann

Zwillinge
21. Mai – 21. Juni

Stimmung: Du schwimmst gegen
den Strom, und das macht Dir die-
sen Monat ganz schön zu schaffen.
Deine Freunde werfen Dir vor, daß
Du ständig schlechte Laune hast.
Doch vor Anfang April wird sich
Deine Stimmung nicht bessern. Erst
dann geht's wieder aufwärts.
Powertag: 2. April
Jungs: Deine leidenschaftlichen
Schwärmereien und eine unerwi-
derte Liebe beschäftigen Dich noch
bis Mitte April. Erst dann läßt sich
Dein Traumboy blicken – er wird
Dir seine Liebe gestehen!
Knutschtag: 12. April
Glück: Am 7. April bist Du in der
richtigen Stimmung, um Deinem
Glück nachzuhelfen. Achtung! Du
könntest nämlich leicht über das
Ziel hinausschießen. Genieß den-
noch jeden Augenblick!

Das wäre schön ......

172

Ellen, 13 Jahre, 29.05.1993

Oh René! Ich hab Sehnsucht. Heute Nacht musste ich deswegen sogar meinen Hasen ganz fest knuddeln. Ich will dich ganz fest umarmen, spüren. Ich will, daß du neben mir liegst (nicht auf mir!) und mir ganz liebe Worte zuflüsterst.

Svenja, 13 Jahre, 25.06.1994

Ich muss unbedingt meine Erinnerung an unseren französischen Austauschstudenten Sébastien Lefort niederschreiben. ♥
Bei der Fete hat er mich ja voll oft gefragt, ob ich mit ihm tanzen will. Als ich dann mit ihm getanzt habe, war's für mich voll der Himmel. Es ist sehr schön, jemanden so nah zu spüren. Und als das Lied dann fertig war, hat er mich voll lieb angestrahlt und gesagt: »Déjà fini!« Als ich mich dann wieder hingesetzt hab, war mir ganz schlecht vor lauter Glück!

Magdalena, 16 Jahre, 06.03.2004

Liebes Tagebuch! Es gibt einen neuen Mann in meinem Leben: Dominik, wohl so 17 Jahre, rote Haare, sieht extrem gut aus. Außerdem wählt er CDU, ist katholisch und er hat Klavier gespielt und Geige. Bei meiner Mutter hat er schon gewonnen.

Saruschka, 14 Jahre, 2000

Einmal im Leben ein Freund, das wär's. Leider sind immer nur doofe, langweilige oder impotente Typen in mich.

Melanie, 23 Jahre, 18.11.1996

Männer sind so grausam!
Es ist echt besser, man bleibt alleine. Also bevor ich mich aus Frust auf einen Idioten einlasse, bleibe ich lieber keusch.

Die Welt besteht aus viel Scheiße! – Weltschmerz, Trübsinn, Melancholie

Alexandra W., 15 Jahre, 23. 01. 1990

Musik: Cure
Laune: furchtbar traurig
Schwarm: keiner

Jana, 14 Jahre, 03. 05. 1995

Ich glaube, zurzeit befinde ich mich im tiefsten Tief meines Lebens.

Nadine F., 16 Jahre, 27. 09. 1995

Mir fällt auf, daß ich das erste Mal an dem Tag geschrieben habe, als Natascha und ich uns kennen lernten. Da waren wir echt noch so klein. Jetzt kriege ich fast jeden Tag einen Nervenzusammenbruch.

Paula, 13 Jahre, 22. 11. 1995

Ich bin total schlecht in der Schule, es ist immer scheiß Wetter und ich hab keinen Freund! So ein Scheiß!!

Natascha, 16 Jahre, 20. 07. 1998

Der Schülerstreich war scheiße. Das Wochenende war scheiße. Mein ganzes Leben ist scheiße. Fuck you all!

Nadine, 15 Jahre

7.2.98

Die Welt besteht aus viel Scheiße!
Hier zehn Sachen die ich absolut
oberscheiße finde:
1. Krieg
2. Gewalt
3. Rassendiskriminierung
4. Ausrutzerei
5. Egoismus
6. Krankheiten
7. Mathematik
8. Prüsin
9. das Alte Testament
10. Rechts + linksradikale

Sorever

Nadine, 15 Jahre, 07. 02. 1998

Die Welt besteht aus viel Scheiße!
Hier zehn Sachen, die ich absolut oberscheiße finde:

1. Krieg
2. Gewalt
3. Rassendiskriminierung
4. Ausnützerei
5. Egoismus
6. Krankheiten
7. Mathematik
8. Physik
9. das dt. Parlament
10. Rechts- + Linksradikale

Alexandra W., 12 Jahre, 14. 09. 1986

Schon fünf nach 9. Seit 8 schreib ich schon. Ich
kann echt nicht mehr. Mir ist schlecht, meine Nase,
mein Kopf, mein Bauch. Ich habe Angst. Ich will
nicht ich sein.

Ich hab einfach Angst vor der
– Schule
– Zukunft
– Eben vor'm ganzen Leben. Hilfe!

Ellen, 15 Jahre, 09. 03. 1995

Niemand da, der mich beschützt. Und lieb hat. Ich habe schon wieder dieses aggressive Gefühl in mir. Wut, Hass, Angst, Unsicherheit, Machtlosigkeit, Einsamkeit u.s.w. in einem. Voll schlimm. Ich würde am liebsten irgendwen fertig machen, anschreien, verkloppen, niedermachen. ELLI das Arschloch. Passt irgendwie.

Jens, 17 Jahre, 22. 11. 1994

In den letzten Tagen lief eigentlich alles prima. Zwei gute Partys am Wochenende. Gestern mein Zimmer perfekt aufgeräumt, heute sogar die Regale.

Doch heute Abend, nachdem ich Zigaretten geholt und eine geraucht hatte, kam plötzlich irgendwie die dicke Depression. Aber irgendwie ist mir die Sinnlosigkeit des Lebens klargeworden (klingt lächerlich, weiss ich). Aber Irgendwie frag ich mich, wieso ich alles eigentlich mitmache. Schule .. Studium .. Beruf .. Rente .. <u>Tod</u>. Kommt ja früher oder später sowieso, wen interessiert es in 100 Jahren, ob ich mit 17 oder 70 gestorben bin. Ich weiß auch, daß meine Eltern nicht ganz meiner Ansicht sind, mit ihrer »Man-muss-zum-Leben-positiv-eingestellt-sein-Attitüde«, oder eben gar nicht darüber nachdenken. Ich habe gemerkt, daß ich

178

viel mehr rauche als früher, aber keinen Grund
sehe, aufzuhören. Außer vielleicht, daß ich später
bereuen könnte, nicht aufgehört zu haben, wenn
ich älter und spießiger geworden bin (wovor ich
eigentlich noch mehr Angst habe!)

Aber irgendwie ist mir die Sinnlosigkeit des Lebens klargeworden
(klingt lächerlich, weiß ich).
Aber irgendwie frag' ich mich,
wieso ich alles eigentlich mitmache. Schule.. Studium.. Beruf..
.. Rente.. Tod. Kommt ja früher oder

Almut, 16 Jahre, 02. 05. 1994

Was ist das manchmal für eine Scheiß-Welt! Ich fühle mich manchmal so fehl am Platz. Vor allem in Kneipen. Ich glaube, ich bin ein Naturkind! Ich fühle mich am wohlsten im Sommer in der Natur in der frischen Luft, in Freiheit mit meinen Träumen. Ach, manchmal (heute sehr oft) wünschte ich, ich würde im 17. Jahrhundert in Paris leben. Dann würde ich Musketier(in), oh ja. Ich liebe diese Zeit mit ihrer Höflichkeit, ihrem Edelmut, mit ihrer Ehrlichkeit. Ich lebe in der falschen Zeit …

Nadine F., 14 Jahre, 23. 02. 1994

Heute ist ein Tag wie alle Tage: scheiße.

Ella Carina, 14 Jahre, 20. 11. 1993

Ich lebe in der falschen Welt. Mich kotzt das alles an: daß die Menschen anonym leben, egoistisch, verdorben … viele träumen nicht mal mehr. Aus lauter Langeweile schauen sie so viel TV, Computer, oder nehmen Drogen, haben Fressucht, Vergnügungssucht, oder … Ich komme damit nicht mehr klar. Mich erschreckt das alles, obwohl ich es doch nie anders erfahren habe.

Ich denke, zu anderen Zeiten dieser Welt war's immer besser. Zwar meist härter, nicht der Luxus. Kinder mussten arbeiten, oft kämpfte man gegen Feinde/Tiere oder Naturkatastrophen. Die Leute

waren nicht schlau, aber fast immer glücklich.
Glücklich sein kann man durch heutigen Luxus nicht
herstellen: teures Spielzeug, vollautomatischer
Haushalt, elektronische Vergnügungsgeräte,
schöne Kleidung, Zigaretten, Alkohol, Süßes ... es
hilft nur der Langeweile ab.
Ich will eine Comanchin sein. Am besten, bevor die
Weißen anfingen, auch Amerika zu zerstören. Ich
will jagen und feiern und arbeiten, ich will fliehen
und vielleicht, im Notfall, auch töten. Ich will
meine Aggressionen stillen können, ein RICHTIGES
Leben führen. Ich will aus dieser primitiven, ekel-
haften Welt raus. Bevor meine Träume vernichtet
werden. Aber wohin??

P.S. Ich versuche, hier trotzdem glücklich zu sein.

Und die Prärie fragt nicht warum

In diesem kalten Canyon endet mein Weg
Ein Pfeil steckt in meiner Brust
Die Coyoten heulen, der Tag geht zu Ende
Und auch meine Zeit ist bald um.
Mein Blutsbruder liegt eine Meile von hier
Erschossen im Wüstensand
Unsre Leben vergingen wie Flammen im Wind
Und die Prärie fragt nicht warum,
Nein, die Prärie fragt niemals warum

Mein Blutsbruder und ich, wir zogen durch die
Ebenen
Was waren das Zeiten
Nein du hättest nicht sterben dürfen, roter Bruder,
damals in den Weiten des Westens
jetzt bist du in den ewigen Jagdgründen
und bald werde ich bei dir sein
im heißen Sand versickert mein Blut
und die Prärie fragt nicht warum,
nein, die Prärie fragt niemals warum

Der rote Fluss zieht träge dahin
Und unsre Hoffnung mit ihm
Unsre Leben verloschen wie Fackeln im Sturm
Und die Prärie fragt nicht warum
Nein, die Prärie fragt niemals warum

Mary, 17 Jahre, 10. 03. 1989

Himmel, der Zug fährt langsam ab, Deine schöne
Teeny-Zeit vergeht, ohne daß Du die Erfüllung und
Zufriedenheit erfahren hast. Wenn Du erstmal 20
bist, ist es zu spät, da bist Du ja schon aus dem
ganzen tollen Leben draußen!

Nadine, 17 Jahre, 07. 02. 1998

Scheiße

Scheiße ist soviel,
zuviel.
Zum Kotzen ist alles,
fast alles.
Zum Abkacken gibt's ne Menge,
eine Menge zu viel.
Aber Liebe gibt's zu wenig,
viel zu wenig.

Mascha, 14 Jahre, 31. 03. 1994

Wie gerne würd ich jetzt mit Jungs flirten, frech
anlabern, vielleicht berühren ...! Sonne, Freibad,
Liebe! Tiefe Blicke, charmante Worte, die das
Innere beben lassen, ne Explosion auslösen ... WOW!
   Aber ich sitz zu Hause, es ist Scheißwetter,
Ferien, alle sind weg und ich sitze im letzten Kaff.

Daniela, 18 Jahre, 29. 02. 2000

Heute war ein eigenartiger Tag: Mir ging's super, ich war gut gelaunt. Abends kam dann Tristian zu mir und wir probierten Faschingskostüme aus. Aber später begannen wir, über den Tod zu sprechen. Wir kamen drauf über das Lied »Romeo & Juliet« von Dire Straits, und auf einmal war eine Riesenschlucht zwischen uns. Tristian hat so viel gesagt, wie er Tod empfindet, daß er keine Angst hat usw. Und ich bin immer weiter weg gerutscht und trauriger geworden ...! Menschen sind sich vertraut, und trotzdem liegen Welten zwischen ihnen. Man ist alleine, und das für immer!!

Merve, 13 Jahre, 07. 04. 1993

Ich mag nicht:
Fremde Tagebücher lesen, Senf, dauernd fernsehen und computern, Schleimigkeit, klauen, Tierversuche, Tierausrottung, vor allem bei Koalas, echte Pelze, Autos, Lärm, Kirche, NKOTB, Rauchen, dicke Schminke, Rechte und Linke, Kriege, Dummheit, schlechte Politiker, Zahnklammer, Geldgesellschaft, Cola, kaputte Haare, Pickel, Strapse, keine Verhütung, Machos, doll krank sein, nervende Geschwister, zu oft lästern, Nirvana, Ölkatastrophen im Meer, eklige Spinnen, fettiges o. knorpeliges Fleisch.

Ellen, 13 Jahre, 10. 03. 1993

Im Moment ist vieles doof.
1. Kriege Mitesser (tut weh!)
2. Pop Swatch verloren.
3. Zahnklammer verloren. Gebiss verstellt sich.
4. Sowieso alles Mist.

Şakir, 17 Jahre, 06. 01. 1997

An diesem Tag bekam ich zum ersten Mal Selbst-
mordgedanken. Aber bevor ich diese Welt verlasse,
muss ich den Leuten hier noch einen gehörigen
Arschtritt verpassen.

Wencke, 17 Jahre, 29. 04. 1990

Heute haben wir uns mal wieder zum Kaffeetrin-
ken bei Melanie getroffen. Wir haben sogar diskutiert. Na, ja, diskutiert kann man nicht so ganz
sagen, weil wir ja alle einer Meinung waren, aber
wir haben über die DDR geredet und dass längst
nicht alles so toll ist, wie viele es hinstellen. Ich
hoffe ja, daß sich das alles legt und die DDR'ler in
der DDR bleiben und nicht alle rüberkommen.

Nadine, 19 Jahre, 16. 09. 2001

Gestern wurde Janine 16 Jahre alt. Wir haben ein
bisschen gefeiert, obwohl die ganze Welt Kopf
steht, da ein Terroranschlag auf das World Trade
Center verübt wurde.

Amelie, 13 Jahre, 27. 01. 1991

Meine Angst steigt ständig; denn in der letzten Zeit ist viel passiert!
Es wurde Öl ins Meer geleitet und angezündet.
Der Rauch ruiniert die ganze Atmosphäre.
Keiner denkt an die Tiere im Meer, aber auch an Land. Sie und auch wir Menschen müssen sicher sterben, wenn das so weiter geht.
Kommt der Rauch erst zu uns ...!

Alice, 16 Jahre, 21. 02. 1995

Stell Dir vor, es gibt Krieg und Atomwaffen werden eingesetzt. Ich denke nicht, daß ich das Weltende erleben werde, aber möglich ist es.

Ricarda, 17 Jahre, 27. 03. 1999

Juhu, endlich 2 Wochen Ferien! Aber so richtig freuen kann ich mich nicht, der Krieg hat zw. Kosovo und Serbien angefangen. Was ist, wenn der Krieg über Europa ausartet u. es den 3. Weltkrieg gibt? Laut der Prophezeiung von Nostradamus (oder wie der hieß) soll es ja vor dem Jahr 2000 den 3. Weltkrieg geben. Bis jetzt ist fast alles eingetroffen, was er prophezeite. Aber hoffentlich hat er sich geirrt. Nein, es darf nicht sein. Wenn wirklich Krieg kommt, dann werden doch manche Staaten nicht warten u. ihre Atombomben werfen! Dann werden wir sowieso alle verrecken!

*Des Freundes Herz ist wie Glas –
einmal zersprungen, läßt es sich nicht mehr ganz machen.*

1001 Nacht

Saddam
Husseim ♡
Er gehört verboten✓

84

Bitte, lieber Gott, wir haben doch alle noch so viel
vor uns. Die Kinder u. Jugendlichen wie ich haben
doch noch unser ganzes Leben vor uns, ich wünsche mir nichts sehnlicher als Frieden!!!!!!!!!!!!
Themenwechsel: Gestern wollte ich eigentlich
daheim bleiben, aber um 20 Uhr hat der Daniel
angerufen u. mich gefragt, ob ich mitkomme
wohin. Ich sagte spontan zu.

Katrin, 16 Jahre, 12. 09. 2001

Vor unserer Schule hängt jetzt eine Deutschland-
flagge auf Halbmast. Die ganze Schule spricht
über nichts anderes! Nato und USA schließen sich
jetzt zusammen, um gemeinsam militärisch gegen
die Terroristen vorzugehen. Wer es war, steht
immer noch nicht fest. Bin-Laden wird immer mehr
verdächtigt. Die Welt scheint wirklich stillzuste-
hen. Jeder ist geschockt und betroffen und nicht
in der Lage, an etwas anderes zu denken. Ich auch
nicht. In meinem Kopf ist gar kein Platz für Schule
mehr!
Leni war heute bei mir und wir haben zusammen
Kartoffel-Broccoli-Auflauf gebacken. War total
lecker. Mein Gott, ich weiß überhaupt nicht, wie
man die Lage jetzt einschätzen soll! Jeder hat
Angst, was jetzt geschieht, doch niemand weiß es
auch nur annähernd. Amerika rüstet sich jetzt
jedenfalls für einen Krieg.

Friederike, 22 Jahre, 18. 11. 2001

Dienstag war dann der Ober-Emo-Tag für mich.
Unser Lehrer sagte im Unterricht so nebenbei, daß
Afghanistan angeblich Krieg erklärt hätte, und ich
bin fast gestorben. K. & ich haben angefangen zu
heulen. Ich konnte mich dann schlecht konzentrieren und hab nur noch nach Hause gewollt.
Schrieb ne Mail an Papa, heulte dabei, weil im
Radio Lenny Kravitz »Does anybody know how
many lives we've lost« gespielt haben. Danach
versuchte ich mit Lenny im Ohr zu schlafen, aber
ich heulte nur bei jedem Lied und wollte mir sofort
»Let Love Rule« auf den Fuß tätowieren lassen.
Echt!

Ricarda, 16 Jahre, 26. 07. 1998

Liebes Tagebuch,
ich finde es gut, daß du mit mir Höhen und Tiefen
durchstehst. Wir befinden uns zur Zeit in einem
Tief, aber es geht schon wieder aufwärts.

Laura, 12 Jahre, 11. 11. 1998

Irgendwie ist alles scheiße und alles gut. Das klingt
zwar bescheuert, ist aber so.

Clara, 17 Jahre, 11. 04. 1997

Habe Anne Franks Tagebuch gelesen, echt traurig
und schrecklich! Dagegen ist meins der große
Scheiß!

Ella Carina, 14 Jahre, 01. 12. 1993

P.S. Ich wollte noch was sagen: Das Tagebuch
klingt oft so schlecht drauf, aber ich schreib ja
auch meistens, wenn ich schlecht drauf bin.
Durchschnittlich war dieser Lebensabschnitt voll
geil.

Als wär ich ihre Sklavin –
Blutsbrüder und Busenfreundinnen

Betty, 11 Jahre, 1990

Was ich an mir am meisten hasse, ist, daß ich immer
so spitze Bemerkungen machen muss. Ich wollte
eigentlich aufhören, weiter in Afras Wunde rumzu-
stochern, aber wenn sie dann wieder mit so einem
dummen Gesicht vor mir steht, kann ich es einfach
nicht lassen.

Nina, 14 Jahre, 08. 01. 1995

Es ist passiert! Melissa hat mir ihre Freundschaft
gekündigt! Nicht direkt. Es ist mir nur noch nicht
richtig klar geworden, d. h. ich wollte es nicht
wahrhaben.
Aber ich glaube nicht, daß ich, wie sie es gesagt
hat, langsam von ihr abhängig werde. Nein, das
glaube ich NICHT!
Heute hat sie gesagt, sie könne sich nicht völlig für
mich umkrempeln.
1. habe ich es nicht von ihr VERLANGT (wie sie es
   behauptet)
2. müsste sie sich ja nicht VÖLLIG umkrempeln! Sie
   sollte sich nur ein wenig auf mich einstellen. Sie
   weiß ja gar nicht, wie ICH mich umkrempeln
   musste, um mich auf sie einzustellen!

Ja, und dann hat Melissa gesagt, daß mir die Hotpants mit den Adidas-Streifen nicht stehen, weil
ich damit angeblich noch größer wirke. Aber ich
glaube, sie gönnt sie mir einfach nicht.
Aaaber, habe ich IHR gesagt, daß ich finde, daß
sie in ihrer nachgemachten Hotpants dürr aussieht?? NEIN!

Natascha, 16 Jahre

Fuck you

Ich glaub echt, daß ich Minderwertigkeitskomplexe hab. Das merkt man besonders dann, wenn ich blau bin. Irgendwie muss ich dann dauernd im Mittelpunkt stehen. Und wenn ich nüchtern bin, verstehe ich es nur ziemlich gut, das zu verstecken. Aber wenn mal jemand was Negatives zu mir sagt, oder einfach nur aus irgendeinem (nichtigen) Grund nicht mit mir spricht, bin ich gleich verletzt, auch wenn ich das nicht offen zeige. Ich glaube, daß Frederik auch nicht unbedeutend schuld daran ist. Ich tu fast alles, um bei ihm gut dazustehen, sogar meine Meinung lässt sich irgendwie von ihm beeinflussen. Ich bin total links, aber wenn er vor mir z. B. seine rechten Witze reißt, lache ich lauthals los. Ich kritisiere sogar dauernd an mir rum und ändere mein Verhalten, um ihm zu gefallen.

Als ich neulich blau war, erzählte ich ihm, Dolf habe gesagt (stimmt!), er wäre nur so lange nett und freundlich zu mir und hielte mir den Platz frei, wie ich genug zu trinken hätte. Er stritt alles ab und beteuerte, er würde doch auch sonst immer mit mir rumlaufen und voll oft mit mir zusammen sein. Tatsächlich bin ich irgendwie voll stolz, wenn ich mit ihm durch die Schule laufe. Ich glaube, wegen ihm fange ich tatsächlich noch mal an zu rauchen, um bei ihm dabei zu sein, wenn er in der

Pause mit Kalle Baumann und Co. hinterm Fahrrad-
ständer »erst mal eine durchzieht«.
Hoffentlich kommt es nicht soweit. Langsam tut
mir meine Hand weh, auch wenn's noch nicht alles
war, was es zu schreiben gäbe.

20. 12. 1992
So, ab jetzt bin ich total links. Ich höre jetzt
Gruppen wie Dimple Minds, Korrupt, Slime u.s.w. Ist
irgendwie (nicht irgendwie!) voll besser! Scheiß
auf Frederik!

Marlene, 15 Jahre, 1995

Ein geheimer Brief an Jenny von Marlene:

Hallo Jenny!
Ich fand deinen Brief irgendwie echt gut. Im Nachhinein freue ich mich, daß du auch gedacht hast, wir könnten beste Freundinnen sein. Ich hatte es vor und in den Ferien auch gedacht (auch als ich schon mit Maike >zusammen< war), daß wir beste Freundinnen sein könnten, doch ich dachte immer, ich hätte keine >Chancen< und du würdest dich nur mit mir treffen, weil sonst alle im Urlaub waren. Außerdem hast du so viele andere Freundinnen, von denen ich dachte, sie seien dir wichtiger. Deswegen war ich nach den Ferien auch wieder öfters mit Maike zusammen. Eigentlich mag ich euch gleich gerne. Manchmal auch dich. Ist ja auch egal. Ich hoffe, du hast den zweiten Satz oben richtig verstanden, ich meine damit, daß ich mich freue, daß wir auch von deiner Seite aus auch beste Freundinnen hätten werden können und das ich für dich nicht nur >Lückenbüßerin< für die Ferien war. Ist ja auch wurscht, ob beste Freundinnen oder gute Freundinnen. Laß uns gute Freundinnen sein, ja?
Ich habe auch eigentlich keine beste Freundin.
CIAO
Marlene

Ellen, 15 Jahre, 11. 12. 1994

Uta ist so ne Fotze! <u>So</u> hinterhältig!

1. Sie ruft Alina an, obwohl sie weiß, daß ich in der Zeit bei Alina anrufen wollte.
2. Sie telefoniert mit anderen, obwohl wir uns um 20.15 h zum tel. verabredet haben.

Ich bring sie um!!!

Nadja, 17 Jahre, 29. 02. 1999

Ich glaube, ich muss schon wieder einem Jungen weh tun, weil ich nicht kann. Ich möchte mich nicht binden, ich möchte frei sein, ich möchte nicht so enden wie Charlotte. So öde, langweilig. Sie ist zu einem Nichts geworden!

Betty, 12 Jahre, 18. 03. 1992

Ich hasse die Laura. Ihre unnatürliche Art geht mir auf den Wecker.
Sie behandelt mich erstens, als wäre ich ihre Sklavin (ich wehre mich), und dann sagt sie, ich würde IHR auf den Wecker gehen! Dabei wollte ich gar nicht mit ihr zusammen sein, sondern sie mit mir! Wir reden jetzt schon 3 Tage nicht mehr miteinander.

Nadine F., 14 Jahre, 03. 12. 1993

Mit Natascha und so hat sich alles verändert. Mal ist sie nett, mal Megabiest. Wenn wir uns mal verabreden, merke ich, sie ist erwachsen geworden, während ich noch kindlich bin.

Almut, 16 Jahre, 07. 11. 1994

Ariane ist eine merkwürdige Freundin: Dauernd versucht sie, irgendwelche mehr oder <u>weniger</u> »peinlichen« Vorfälle bei mir aufzufrischen, stellt sich immer als toll und aktiv und selbstbewusst hin. Dann versucht sie sich immer vorzudrängen, erzählt langweilige Storys und drängt sich bei Michi auf.
Ohne Ariane hätte ich in der Klasse keine echten, richtigen Freundinnen (na ja, hab ich <u>mit</u> ihr ja auch nicht!).

Marlene, 16 Jahre, 31. 08. 1996

Ich bin so froh, denn ich habe Connections. Ich war gestern mit Bernadette bei einem Fußballspiel. Danach sind wir zu einem Freund von ihr. Er und seine Freunde sind wirklich die besten Leute, die ich bisher gesehen habe. Punkrocker. Sie waren total begeistert, daß ich eine Dreadlock habe und haben mich in ihre Clique aufgenommen. Hoffe ich zumindest.

Nadja, 18 Jahre, 22. 03. 2000

Nadja ist ja immer da für alle. Was glauben die eigentlich; was mal ist; wenn ich einen Freund habe!

Mascha, 13 Jahre, 28. 06. 1993

Früher hab ich mir's so toll vorgestellt, viele Freundinnen zu haben. Seit den Osterferien bin ich ziemlich beliebt. Aber wo ich jetzt >in< bin, ist es soo was Tolles nu auch nicht.

Sven L., 15 Jahre, 28. 04. 1995

Im Winter bin ich fast die ganze Zeit mit Tanja, Hartmann und Michaela rumgehangen. Mit Tanja bin ich dann auch einen Monat lang gegangen (war die volle Pleite).
Michaela und Co. kommen nachher noch hier vorbei, um mich zu überreden, mit ihnen rumzulaufen, aber ich habe keine Lust mehr. Bei denen raucht, sauft oder kifft eh fast jeder. Es gibt niemanden, der nichts von den drei Dingen macht, das war einer der Gründe, warum ich nicht mehr zum Spielplatz geh.

Martha, 15 Jahre, 26. 01. 1999

Ich tue mir mal wieder selbst leid. Meine größte Freude im Leben scheint mein Zeugnis zu sein. Wenigstens bin ich nicht dumm. Dafür habe ich

leider keine anständigen Freunde ... Ich sollte mir
mal welche suchen.

Ella Carina, 12 Jahre, 17.08.1991
Endlich bin ich mein »Cats« T-Shirt los. Ich habe es
Maren für 10 DM verkauft. Alle meinen, es wäre
total der Wucherpreis. Stimmt auch. Aber wenn sie
es nun mal dafür nimmt ... also, ich hätte es nicht
getan.

Magdalena, 11 Jahre, 11.03.1999
Wenn ich <u>nur</u> mit Sarah oder <u>nur</u> mit der Jasmin
zusammen bin, ist es (fast) immer voll schön. Aber
die beiden zusammen ... Nicht auszuhalten. Manchmal glaube ich, sie kommen nur wegen meiner
Sachen zu mir (z.B. Titanic-Video, Schokolade),
um sie zu benutzen.

Martha, 15 Jahre, 06.05.1999
Übrigens habe ich das Gefühl, mit Björn hat's
geknallt. Ich hatte am 1. Mai echt das Gefühl.
Aber was wäre dann mit Britta? <u>Sie</u> ist doch verknallt in ihn. Wäre das nicht total blöde? Meine
beste Chance – wenn sie denn kommt, für Britta zu
opfern? So gut sind wir ja auch nicht befreundet.
Ich muss in der Richtung an mich denken. Sonst
mache ich mir am Ende mein ganzes Leben lang
Vorwürfe.

Fiona hat sehr teure Schminke. Sie hat viele stilvolle, wertvolle, teure Sachen. Ich möchte auch wertvolle Sachen haben und nicht immer Billigprodukte. Wenn ich vielleicht im Monat 20 DM Taschengeld bekomme, dann kann ich doch für 15 DM monatlich Schminke, Schmuck und andere Vorzeigegegenstände anschaffen.

Ich möchte so gerne auch bewundert werden. Mein Gott, wie würde Lara staunen, wenn ich auf einmal Schminke von Margret Astor, Ellen Beatrix, Chicago oder Marbert hätte. Sie wäre neidisch.

30. 10. 1993

Ich wollte mir eigentlich abgewöhnen, etwas zu klauen, aber es ist wie eine Sucht.

Bis jetzt habe ich
- Make-up von Chicago
- Nagelhärter von Astor
- Rillenfüller von Misslyn
- kleines Magnetic Parfum von Gabriella Sabatini
- Nuit d'été von Joop
- Hydrogel von Bebe
- Augenkonturengel von Oil of Olaz
- schwarzes Samthaargummi
- 2 x Ringe (schwarz und silberne Rose)
- Haarspange

- Schmucksteine
- Eyeliner von Jade

Ich hoffe, nicht mehr. Es reicht ja auch, oder?!
Melanie hat »Roma« von Laura Biagiotti geklaut
und einen Lippenpflegestift von Oilily. Und natürlich noch mehr. Aber darauf bin ich besonders neidisch, weil ich nicht bei Parfümerie Hepting einen
Oililystift klauen kann, weil ich da im Februar
Praktikum mache. Das möchte ich eben nicht. Deshalb habe ich Fiona gefragt, ob sie es irgendwann
für mich macht, mit Gegenleistung.

Lilly, 17 Jahre, 19. 09. 1988

Eva hat es so an sich, daß sie »meine« boys auch
immer gleich kennenlernen will. Manchmal hat es
für mich sogar den Anschein, daß sie die boys, die
ich süß finde, immer extra anmacht. Na ja, ist ja
auch egal, sie ist trotz allem eine Super-Freundin.
Und das »Trotz-Allem« macht immer erst eine richtig gute Freundschaft aus.

Nadine F., 12 Jahre, 05. 06. 1992

Wenn ich sterben würde, würde ich dieses Tagebuch Natascha hinterlassen, denn sie weiß, was ich
meine und ausdrücken will. Sie ist überhaupt in der
letzten Zeit meine beste Freundin. Bloß bei Jungen
sind wir unterschiedlich. Ich mag einfache Jungs
mit hellen Haaren und Sommersprossen. Sie mag

fein gegelte und herausgeputzte mit dunklem Haar.

Magdalena, 14 Jahre, 27. 08. 2002

Arne ist jetzt mit Susanne zusammen. Ich fand Arne auch ne Zeit lang echt süß, aber ich hab ihn dann doch Susanne überlassen, weil sie ihn voll liebt. Was tut man nicht alles für die beste Freundin?

Sarah P., 10 Jahre, 1997

Vorhin habe ich mit Marlen gepuzzelt, und da sagte sie: »Wir puzzeln jetzt schon zehn Minuten, und Du hast gerade mal vier Puzzleteile angebracht, wie lange brauchst Du denn mit dem ganzen Puzzle? Ein Jahr?« Diese Tussi regt mich auf!

Lilly, 17 Jahre, 18. 01. 1989

Gestern Abend war ich mit Hans-Joachim von halb 5 bis fast halb 11 Uhr spazieren. Ich habe dabei gefroren wie ein Schlottermännchen. Ich kann mit jemandem rumschmusen, den ich einfach nur geil finde, also bei dem ich nur körperliches Verlangen empfinde. Aber mit Hans-Joachim nie. Ich mag ihn viel zu sehr. Er ist mir viel zu viel wert, als das ich unsere Freundschaft durch Rumschmusen eventuell zerstöre. Ich habe allerdings vor unserem Spaziergang noch nicht gewusst, daß er wohl in mich verliebt ist. Manchmal bin ich wirklich ein Trottel.

Natascha, 16 Jahre, 17. 02. 1999

Vittorio ist tot!

Wieso? Warum? Vittorio warum hast du nicht mehr leben können? Weshalb Gott nimmst du so einen Menschen von der Erde. Unseren Vito. Mein Freund, er hat mich mit Küsschen begrüsst u. manchmal mit meinem Handy telefoniert.

Nein, ich denke immer, am nächsten Wochenende wird er wieder mit Gero einen Meter Bier saufen, so wie damals. Feier weiter schöne Parties im Himmel. Ich komm auch irgendwann.

18. 02. 1999

Ich kann es immer noch nicht glauben, daß Vitorrio tot ist. Heute war seine Todesanzeige in der Zeitung. Ein Name, so fremd.

Eines weiß ich aber, ich werde ihn wiedersehen, und Oma auch und Finny u. alle andern auch. Dann werden wir alle Party forever machen u. nie wieder muss man vor Krieg, Hass, Streit, Angst haben!

Sarah P., 10 Jahre, 1997

Karin war heute bei mir, wir waren auf dem Gemeindespielplatz und haben in allen möglichen Positionen geschaukelt. Dabei lästerten wir ziemlich heftig über Berna, Thekla und Marie und so ...

10 Jahre, 1997

Heute war Filiz bei mir. Ich tat mit ihr so ziemlich dasselbe wie am Sonntag mit Karin: Eine Kleinigkeit essen, auf den Spielplatz gehen und dort schaukelten wir, und dann spielten wir Computer, nachdem wir meine Buffalo's geputzt hatten.

Sophia, 15 Jahre, 19. 10. 1995

Madleine + Olga: Auch wenn ich mich 1000x in der Woche mit ihnen treffen würde, jedes Mal würde es ein Erlebnis sein!

Flora, 12 Jahre, 24. 05. 1990

Eigentlich wollten wir auf's Mainfest, aber wir wussten nicht genau ob, wo und wann es das gibt, deshalb haben wir uns selbst eins gemacht mit Tretboot, Popcorn u.s.w. Wir haben uns noch einen Peace-Ohring gekauft. Dann habe ich bei der Anja übernachtet. Die Anja, dieses Rindvieh. Aber es war schön.

26. 05. 1990

Anja, freundlich wie sie ist, hat sie mir dann auch noch meine Wurst weggegessen. Wir sind zu uns und haben so nen Film angeguckt. Anja hat gewiehert wie blöd. Na ja, auch gut. Um 10:30 ist sie dann endlich abgezischt. Was ein Glück.

Ellen, 14 Jahre, 24. 10. 1994
Ich und die Ex

<u>Janina:</u>	<u>Ich:</u>
rötliche, lange Locken	halblange, glatte, etwas rötliche Haare
groß, sehr schlank,	groß, nicht mehr ganz so schlank,
Titten weiß ich nicht	nicht so viel Oberweite
puppenhaftes, besonderes, mittelschönes Gesicht	fröhliches, durchschnittliches, freundliches Gesicht
schlechter Ruf	eigentlich guter Ruf
wenig Freunde	viele Freunde
kaputte Familie	Super-Family
sitzen geblieben	gute Noten, ohne viel zu tun

Dienstag war dann der Ober-emo Tag für mich. Natürlich PMS! Unsere Lehrer sagte im Unterricht so nebenbei, daß Aphganistan angeblich Krieg erklärt hätte, und ich bin fast gestorben. KKK(?) haben in der Pause nochmal nachgefragt und haben angefangen zu heulen, aber es war eben noch unbestätigt. Ich konnte mich dann schlecht konzentrieren und hab nur noch nach Hause gewollt. Hab nicht zum Flamenco gehen wollen, weil es genau vor einer Woche passiert war, und schrieb ne mail an Papa, heulte dabei, weil im Radio Lenny Kravitz' does anybody know how many lives we've lost gespielt haben. Außer auf dem Rückweg im Bus kamen mir immer wieder die Tränen hoch und zu Hause erzählte ich alles ~~...~~ die auch fertig war und wir heulten und redeten zusammen. Ich liebe sie! Danach versuchte ich mit Lenny im Ohr zu schlafen, aber ich heulte nur bei jedem Lied und wollte mir sofort 'let love rule' auf den Fuß tättowieren lassen. Echt! Ich schlief also nicht besonders gut, aber es ging nicht anders. Ich glaube sonst machten wir nicht mehr viel außer quatschen.

Wenn wir beide nüchtern sind –
Engtanz-Partys, Dorfdiskos und der
erste Alkoholrausch

Paula, 13 Jahre, 25. 11. 1995

Ich höre gerade total laute Musik (A cool!)
Marusha!!! Die finde ich total geil!! Ich hab vorhin
total wild in meinem Zimmer rumgetanzt! Ich bin
schon richtig auf Party-Entzug! Ich will, daß endlich wieder einer 'ne geile Party macht!

Martha, 15 Jahre, 28. 02. 1999

Ich hab jetzt schon Bock, mir am Wochenende die
Kante zu geben. So unbeschwert Emotionen zu
zeigen ist ein gutes Gefühl.

Ellen, 14 Jahre, 16. 08. 1994

Hoffentlich werde ich bei Jessica zur Party in
3 Wochen eingeladen. Ich muss nett sein!!

Svenja, 16 Jahre, 07. 12. 1996

Seit gestern bin ich mit Maik zusammen. Er hat
gesagt, daß er mich liebt und dann haben wir
geknutscht. Nachher kommt er und dann werden
wir sehen, wie es ist, wenn wir beide nüchtern sind.

Lilly, 17 Jahre, 27. 11. 1988, 4:15 Uhr

Seit einer halben Stunde bin ich jetzt daheim und finde, so ein absolut geiles Fest ist es wert genug, in meinem Tagebuch erwähnt zu werden. Das war das absolut tollste, bananenmäßigste Fest in diesem Jahr für mich. Es stimmt, es gibt so viele liebe, liebe Jungs. Simon, Fred, Albert, Nico und Kay waren heute Abend meine Favoriten. Und natürlich Jegor, Schlatzi, Päcki, Diebel und, und, und. I love them all.

Mit Fred bin ich mindestens eine Stunde im Auto händchenhaltend gesessen. Mit Diebel habe ich mich über DDR, Perestroika, Glasnost usw. unterhalten. Küsschen von Fred, Gaudi mit Fred, Umarmungen, Hochheben, supergeil. Küsschen für und von Albert, Gaudi mit Päcki, olé. Gutes Gespräch mit Jegor und Simon. ♥

Kuss auf meinen Mund von Oli, mmmmhh, mon cheri. Und Kay ♥ ...

Heute war alles toll. So 'ne geile Stimmung. Tamtamtamtam ...

Simone, 15 Jahre, 07. 09. 1995

Was ich gestern Nacht alles gesoffen hab

- Lambrusco
- 1/2 Tequila
- Amaretto mit O-Saft
- Blue Curacao mit O-Saft

- Grünes Bananenzeug
- Gelbes Bananenzeug
- 1 Schluck Sekt
- Weißes Joghurtzeug (lecker!)

Sara, 15 Jahre, Februar 2003

Im Februar waren wir auf Skireise. Dabei: HOL
(house of love – meine Gang), wir konnten unser
Glück kaum fassen, denn wir durften das einzige
6er Zimmer nehmen. Es war riesig, mit einer Dusche
mitten im Zimmer. Wir hatten die geilste Musik der
Welt und sind täglich dabei abgegangen, sogar
beim Duschen ging die Party ab! Einmal, als alle
schon aus unserem Zimmer raus waren und nur Nick,
der so Hammer sexy aussah, übrig blieb, wussten
wir, was zu tun war!

Wir nahmen, ohne uns vorher abzusprechen,
einen Stuhl und fesselten ihn mit Schals daran,
sodaß er sich kaum bewegen konnte. Er hatte
natürlich keine Ahnung, was da abging, seine ein-
zigen Worte auf das, was kam, waren nur: »Heftig,
heftig, heftig Mädels, ihr seid so heftig!« Wir
tanzten um ihn und verführten ihn (tja, HOL hat
die geilsten actions drauf).

Sandra hat nicht mitgemacht, sie ist nur verwirrt durchs Zimmer gerannt. Stella, Angela,
Katrin und ich »küssten« uns vor seinen Augen,
knabberten an seinen Ohren und bewegten uns

sexy zur Musik. Als es klopfte, banden wir ihn los und ein paar andere kamen, verwundert, was hier geschehen war, in unser Zimmer. Nick saß sabbernd, mit offenem Mund, nichts sagend auf unserem Bett. Nun hatte er Respekt, doch wir meinten später zu ihm, er solle bloß nicht denken, das gäbe es jetzt jeden Abend für ihn.

Simone, 16 Jahre, 16. 11. 1996

Gestern war Birgits Party. Es war saustark, eine der geilsten Feten bisher. Als ich so um 21.45 Uhr kam, waren alle schon etwas blau, ich habe dann 2 Gläser Bowle, 1 Glas Yogi-Schleim, Bier, Rotwein ... getrunken. Danach war ich auch dementsprechend zu. Danach hab ich mich mit Michi unterhalten, dann sind wir hoch auf's Zimmer und haben rumgemacht. Ich kann's selber kaum glauben: <u>Ich</u> hab mit Michi rumgemacht. Dann wurde mir soooo schlecht, und ich habe 2x gekotzt.

Susanna, 14 Jahre, 31. 10. 1993

Ich habe gestern große Scheiße gemacht. Benjamin war bei mir. Es war echt lustig. Er hat mich überredet, meine Eltern zu fragen, ob ich auf Meikos Fete darf. Ich durfte bis 22 Uhr. Benjamin wollte mich mit dem Rad zurückbringen. Ich muss zugeben, daß ich ziemlich viel getrunken habe. 2 Flaschen Diebels Alt und ungefähr 1/4 Flasche Billigwein und 4 Schluck Pils-Bier. Auf jeden Fall habe ich mich ziemlich hemmungslos benommen. Geraucht habe ich auch noch. Florian hat versucht mich hochzuheben, und wir landeten beide auf dem Boden.
Die größte Scheiße passierte auf dem Nachhauseweg bzw. vor meiner Garage. Ich bin erstmal ziemliche S-Kurven gefahren und habe sehr viel

S-C-H-E-I-S-S-E gelabert. Das Schlimmste kommt aber noch: Vor der Garage habe ich mit Benjamin RUMGEKNUTSCHT. Ich habe ihm zwar schon gesagt, daß ich unzurechnungsfähig bin, aber ich weiß nicht, wie er das aufnimmt. Ich hätte in dieser Situation mit jedem geknutscht. Das ist der Alkohol. Das werde ich ihm erklären müssen. Ich will ja gar nichts von ihm. Die Fete war aber trotzdem total geil.

Laura, 10 Jahre, 07. 11. 1996

Bei Evas Geburtstag haben wir »Küssen im Dunkeln« gespielt (ich wurde von Michel geküsst). Er hat auch gesagt, daß ich gut tanzen kann. Das war das erste Mal, daß mich ein Junge geküsst hat. Irgendwie fühlt man sich jetzt komisch (gut).

08. 01. 1997

Heute war ich um 15.30 Uhr bei Caros Geburtstag. Wir haben vieles gespielt: Quiz, Stoppessen und Küssen im Dunkeln. Lukas hat mich auf den Mund (!) geküsst. Auf die Wange auch. Ich habe ihn auch geküsst (wohin weiß ich nicht mehr genau).

Jens, 15 Jahre, 16. 12. 1992

Am Freitag war ich bei Matze König. Wir haben kaum
was getrunken, aber ich bin total abgestürzt. Der
Vater hat mich nach Hause gebracht. Ich weiß von
gar nichts mehr, nur noch, daß ich morgens im Bett
aufgewacht bin und mich an nichts erinnern
konnte. Schade, Matze, Daniel, Stefan und Co.
werden es sich ab jetzt wohl zweimal überlegen,
ob ich so schnell wieder mitsaufe. Scheiße!

20. 12. 1992

Langsam kommt das Christmas-feeling, aber
anders als sonst, irgendwie anders. Gerade kam im
Radio die Gruppe »Wham!« mit »Very special Christ-
mas«. Ich bin heute schon wieder leicht stramm,
aber auch anders als sonst. Heute habe ich meine
Grenzen klar anerkannt und nicht überschritten.
Wir waren heute zum »Spaßboßeln« nach Wilmers
mit anschließendem Grünkohlessen samt jeder
Menge Glühwein und zwei Bier. Mir geht's aber schon
wieder recht »nüchtern«.

Betty, 12 Jahre, 19. 04. 1992

Ich war mit Elli auf der HR3-Party. Sie war total
sexy angezogen: schwarzer Spitzenbody,
schwarze Strumpfhose und drüber eine schwarze
Radlerhose. Sie sah aus wie Cat-Woman! Ich habe
mir Schaum in die Haare geknetet, die schwarze

213

501 angezogen, den grauen Body und drüber mein Holzfäller-Hemd.

Um halb zwölf haben wir eine Tekkno-Party entdeckt. Total geil! Die Musik dröhnt und du hörst Trillerpfeifen. Ich habe da so gestanden, und die Elli sagt: »Ey, ist das nicht der Typ aus unserer Schule?« Ich dreh mich ruckartig um und sehe genau das entsetzte Gesicht von Phillip A.!!!!

Ich werde es euch wie in einem Lovefilm schildern: Ein Mädchen, ungefähr 16 Jahre alt, wirft ihre wilde Haarpracht hin und her. Ihre Hüfte kreist und ihre Arme schwenkt sie in die Luft. Hin und wieder sieht es aus, als würde sie die Sterne vom Himmel holen. Alles in allem sieht sie gut aus. So wild!!! Neben ihr steht ein großer, gutaussehender Junge, er schwenkt nur die Arme. Er sieht dem wilden Mädchen zu. Um 0:20 Uhr ungefähr dreht sie sich um, stellt sich genau vor ihn und fängt an zu tanzen. Ihre Augen blitzen unter den zerwühlten Haaren, die ihr ins Gesicht fallen. Er sieht an ihr herunter, viel Busen und flacher Bauch. Das Lied ist zu Ende und er legt den Arm um sie und geht mit mir nach draußen.

Weiter ist es nicht mehr so interessant, deshalb höre ich hier auf. Er hat mich noch zu meiner Mutter gebracht. Ich habe ziemlich viel Blödsinn geredet und er hat sofort gewusst, das ich nicht 16 bin, aber er hat nichts gesagt.

Svenja, 14 Jahre, 17. 09. 1994

Heute war Sünjes und Nurias Fete. Es war brutal
cool. Wir haben zwar das Rausgeh-Spiel, das
Stuhl-Spiel und das Augenverbind-Spiel gemacht,
aber es war fast überhaupt nicht peinlich und
eklig. Ich habe mit Nick, Steffan, Matz, Frank,
Malte und Björn Stehblues getanzt. Björn hat bei
allen Mädchen seine Hände voll an den Arsch
gemacht. Wenn er bei mir noch weiter runterge-
gangen wär, hätt ich seine Hände wieder hochge-
schoben. Überhaupt war alles viel besser, als ich
gedacht habe. Ich dachte, es wird eklig, schleimig
und peinlich. Aber das war's überhaupt nicht.

Jessica, 14 Jahre, 01. 01. 1995

So, so langsam habe ich meinen Rausch ausgeschlafen. Ich war gestern auf einer total geilen
Sylvesterfete bei Torge. Den kannte ich vorher
auch nicht. Zuerst bin ich mit Bärchen und Severin
rumgelaufen, nach zwölf Uhr nur noch mit Boschi.
Ich war etwas beschwindelt, konnte nicht mehr
richtig stehen und saß dann auch auf seinem
Schoß. Die ganze Zeit! Später saßen wir auf der
Couch, haben Händchen gehalten und zum Schluss
hat er noch einen Mundabschlusskuss gekriegt. Hoffentlich denkt er nicht, daß ich was von ihm will.

Aline, 12 Jahre, 01. 01. 2000

Ich, Tante, Mama und Papa haben an Silvester Wachs gegossen. Um 23.30 Uhr sind wir hinter dem Fanfarenzug zum Rathaus gelaufen. Ich hatte ein Glas dabei und Papa hatte Champagner. Der Schampus schmeckte aber nicht gut. Ich hab noch 3 Gläser Sekt, den man da gekriegt hat, getrunken und hatte meinen allerersten Schwips.

Ella Carina, 13 Jahre, 27. 06. 1993

Hab Rückenschmerzen, Bauchweh, Kopfweh, bin arschmüde! Weißt du, warum? Hab gesoffen. Ca. 2 Mal 1 Becher Bier. Eigentlich gar nicht viel, aber wenn man nix gegessen hat und außerdem erst 13 ist ...

Natascha, 16 Jahre, 10. 07. 1998

Da Nicole Gras dabei hatte, gingen alle kiffen, ich kam auch mit. Ich wollte einmal in meinem Leben sagen: Ich hab auch schon mal gekifft. Wir sind dann auf ein Feld, aber da war's zu dunkel um ne Tüte zu drehen. So sind die anderen wieder weiter, einen hellen Platz suchen zum Tüte bauen, und ich bin lieber wieder zu Isa. Ein anderes Mal, hab ich gesagt.

Man wird sehen! Ich finde kiffen keine Sache zum Angeben, aber man soll ja alles mal durchgemacht haben.

Ricarda, 16 Jahre, 18. 04. 1998

Kann nicht schreiben, weil ich im Irish Pub war und ein Cola-Weizen getrunken habe. Schreibe alles morgen.

Wencke, 15 Jahre, 20. 08. 1988

Heute war ich bei Achims Geburtstagsfete. War eigentlich ganz lustig. Ich kann die Jungs aus der Klasse einfach nicht ab. Quetschen sich mit alle Mann auf ein Sofa, reden nur vom wichsen und sind total eingebildet.

Melanie, 13 Jahre, 01. 10. 1987

Oh ich freu mich schon auf Samstag (Klaras Fete). Nur 5 Mädels und 15 Boys, echt cool!

Du, ich sage Dir, den Uwe nehme ich mir einfach, egal wie. Und wenn er mit der Scheiß-Pia Blues tanzt, nehme ich Volker und rempel Uwe voll an.

Emma, 13 Jahre, 30. 01. 1988

Gehe zur Zeit jeden Montag zum Tanzen, das bringt toll viel Spaß. Da ist einer in der Fortgeschrittenen-Gruppe, ein Junge (Jupp), der ist total niedlich …! Beim ersten Mal Tanzen hat er mich in der Pause aufgefordert. Bei einer Beat-Fete hat er mich total niedlich angeguckt. Wirklich, er ist total modern und alles, einfach umwerfend.

08. 02. 1988

Heute war wieder Tanzkursus, wir haben Samba, Foxtrott, Cha-Cha-Cha und langsamen Walzer getanzt. Tanzen bockt!

13. 02. 1988

Und um 7 Uhr ging es wieder los zur Beat-Party. Ich habe sogar 1x mit einem Jungen getanzt!!! Steffen hat mich total niedlich angeguckt, echt so einen niedlichen Jungen habe ich noch NIE gesehen! Wirklich … Dann war da noch DER Typ mit dem Strohhut, aber noch viel besser ist Steffen!

15. 02. 1988

Heute Nachmittag hatten wir Tanzkurs. Da war dann mein Typ (der mit dem Strohhut). Leider aber auch Manus und Veras. Leider, leider, denn gerade als ich den Typ dranhatte, kam Manu und hat mich ausgewechselt. Ich hätte sie umbringen können!

16. 03. 1988

Am Abend wieder voll die Hektik, was ich denn nun anziehen soll! Auf der Beat-Party hatte ich schon ne Weile getanzt und dann Jupp entdeckt. Dann habe ich es gewagt und ihn aufgefordert!!! Ich habe total lange mit ihm getanzt. Auch diesen komischen Tanz, wo man mit den Beinen rumhampelt, voll lustig. Ach Gott, war ich selig, als ich da so hinschwebte, deswegen habe ich mich auch oft vertütelt. Am Ende habe ich noch mal mit ihm getanzt, da war er verschwitzt. Egal ...!

Nadine F., 12 Jahre, 13. 06. 1992

Habe ich schon gesagt, daß Natascha und ich zur Abschlussfete von Barbara eingeladen sind? Natascha und ich sind dann Dis-Jockies!

Nadine, 16 Jahre, 05. 08. 1998

Langeweile beherrscht unsere Ferien. Gähn! Heute waren wir am Balaton. Haben eingekauft, gebadet usw. Am Abend nach dem Essen haben wir noch Cocktails getrunken und daheim lecker »Radler«.

Morgen saufen wir uns voll vor Langeweile!

Ella Carina, 14 Jahre, 23. 09. 1994

Michaels Party. Tränen, Reden, Saufen.

Magdalena, 12 Jahre, 17. 08. 2000

Salut! Morgen ist es endlich so weit: Susanne und ich gehen zu Sarahs Party. Um 14:00 Uhr kommt Susanne zu mir, dann machen wir ihr die Haare (ich lasse sie vorher von Mama toupieren, mit Zick Zack-Scheitel). Ich habe schon meine Augen-brauen gezupft.

Laura, 17 Jahre, 11. 10. 2003

Ich habe Panik, daß ich in Hamburg wieder mit der ungesunden Lebensweise anfange. Zu viel Party, zu viele Zigaretten. Wenig Schlaf. Alles giftig.

Mary, 16 Jahre, 25. 10. 1987

Scheiß Party. Es kommen vielleicht über 30 Leute. Das ist ganz einfach zu viel. Das gibt was. Meine Eltern sind voll zornig gewesen, am Telefon, weil ich gesagt habe, daß mehr als 15 Leute kommen. Ich bin so froh, wenn die Party vorbei ist.

Karla, 12 Jahre, 08. 09. 1984

Ingos Einweihungsfest. Am Anfang klasse. Dann kam Conny und Ingo war nur noch mit ihm zusam-men. Er hat uns sogar aus dem Zimmer rausgewor-fen, weil Conny unbedingt wollte, daß kein Mäd-chen ihm beim Breakdancen zusah. Darüber waren wir unheimlich sauer.

Simone, 15 Jahre, 24. 10. 1995

Paul hat uns ausrichten lassen durch Arne, daß Maren und ich zu seinem Geburtstag eingeladen sind. Ich habe mich voll gefreut. Dann: Maren ruft mich an und sagt, daß Arne zu ihr gesagt hätte, daß wir nun doch nicht kommen dürften, weil schon zu viele kämen und Paul nicht so viel Geld hätte. Zuerst hab ich mich total drüber aufgeregt, aber mittlerweile kann ich nur noch drüber lachen. Paul macht sich doch total lächerlich damit. Ich weiß zwar noch nicht, was ich genau damit bezwecke, aber ich werde mich rächen. Und zwar deftig. Vielleicht emotional abhängig machen von mir. Fragt sich, ob ich das schaffe, jetzt, wo Paul ja gar nichts mehr von mir will. Mal schauen.

Nadine, 16 Jahre, 16. 08. 1998

Heute noch'n bischen ausruhen, denn so wie gestern war ich schon lang nicht mehr. Sorry!

Julie, 15 Jahre, 01. 01. 1988

Ach, war das ein crazy Sylvester. Gestern waren alle – bis auf den Timo und den Schröder, naja, und Eddies Crew – ganz gut auf mich zu sprechen ... vielleicht lag das auch nur daran, daß sie alle besoffen waren.

Geiler Tag heute! Wir sind zur Hochzeit von Christoph und Manuela gefahren. Sebastian, Mirko und ich haben zusammen gespielt. Wir traten Lampen aus. Wir tanzten verschiedene Tänze. Wir hatten eine große Tüte mit Süßigkeiten. Dann gab es Tombola-Zettel. Ich hatte den Hauptgewinn, ein »Wochenende zu zweit«. Es war die Zeitschrift Wochenend mit nackten Frauen. Mirko sagte, er werde mir nächstes mal verschiedenes beibringen. Er hat <u>leider</u> schon eine Geliebte. Sie heißt Christhild. Er machte keine Andeutungen, daß er mich mag oder liebt. Er hat kein Zartgefühl für mich. Ich liebe ihn aber und könnte Zartgefühl ihm gegenüber aufbringen. Er redet nur von Christhild. Er sagt, er will sie heiraten! Gemeinheit! Alle haben Geliebte, nur ich nicht!!!
Mirko sagt ganz unbeteiligt: »Tja, Schicksal!«

Am Samstag hatten wir einen Band-Autritt kurz vor Bremen. Da war so ne riesige WG-Party mit voll den kaputten Alt-Punks. Ich bekam Stimulier-Tee und durfte in ein Klo pissen, neben dem eine ca. 4 Mal vollgekotzte Badewanne stand.

Sophia, 15 Jahre, 17. 02. 1996

Der Abend war noch sehr lustig. Wir sind mit einer Gruppe von 20 Leuten auf den Kiez gegangen. Power, Power, Power!
Auf den Straßen gesungen, gerannt, gebrüllt!

Magdalena, 14 Jahre, 15. 10. 2002

Ich stehe unmittelbar vor dem Eintritt ins 15. Lebensjahr und finde, daß das Leben von Jahr zu Jahr schneller vergeht. Erst jetzt verstehe ich den Spruch: »Das Leben ist wie ein Pimmel: klein und schrumpelig und viel zu kurz, um wirklich Spaß haben zu können.« Obwohl ich den Vergleich mit dem Pimmel momentan noch nicht nachvollziehen kann. Ich sag dir was ehe wir das Partyleben richtig genießen können haben wir auch schon nen unrasierten Macker und viele kleine nervtötende Bälger am Hals!

Das Solo sein vermisse ich
ein bisschen –
Liebesglut & Herzschmerz III

Nadine, 16 Jahre, 05. 02. 1998

Mich sprengt's fast vor Liebe. Hoffentlich kann ich
es mal endlich abladen.

Ella Carina, 15 Jahre, 01. 06. 1995

Ich dachte, er ruft an! Zwischen 21.00 h und
22.00 h ruft er an, hat er gesagt. Jetzt isses
schon 21.18 h. Warum ruft er nicht an?!

Laura, 16 Jahre, 05. 01. 2003

Lustig. Sex gehört jetzt zu meinem Alltag!

Merve, 12 Jahre, 25. 12. 1991

Ich würde mich gerne mal richtig verlieben und
dann mit dem gehen. Aber nein! Jede Woche kommt
mir ein neuer dazwischen.

Also 2 total andere. Ich
würde mich gerne mal richtig
verlieben und dann mit dem gehen.
Aber nein! Jede Woche kommt
mir ein neuer dazwischen.

225

Aline, 8 Jahre, 12. 12. 1995

Heute war der schlimmste Tag. Er war gestern
schön, aber jetzt nicht mehr. Heute hat mir der
Patrick das Herz gebrochen. Er hat mich geschla-
gen und mich geärgert. Und ich liebe ihn schon seit
der 1. Klasse. Ich werde ihn immer in meinem Herzen behalten.

Betty, 14 Jahre, 1993

Ich war heute beim Felix! Wir haben uns seit
5 Tagen nicht gesehen!!! Und wir haben halt ge-
kuschelt usw. (wobei usw. sehr wichtig ist).
Und dann hat er mich gefragt, was ich denke! Und
ich habe gesagt, daß wohl das Tampon stören würde! Er: »Was?!« Ich hab's wiederholt. Er: »Soweit
wollte ich eigentlich nicht gehen!«
Ich: »Nicht?« »Du?« »Ähm, jo schon.« Und dann
war's ne Weile still und plötzlich haben wir beide
angefangen zu lachen.
Ich bin sehr zufrieden mit mir und meinem
Geschmack, was Jungs anbetrifft.

Nicola, 14 Jahre, 17. 09. 1991
Zurzeit bin ich mit Ole zusammen und glücklich!!

30. 09. 1991
Ich bin immer noch mit ihm zusammen und glücklich!!!

12. 10. 1991
Ich bin zwar immer noch mit Ole zusammen, aber
nicht mehr so glücklich …

09. 12. 1991
Ich bin NICHT mehr mit Ole zusammen …

Jessica, 15 Jahre, 21.01.1995

Ich habe echt (!), wirklich (!) mit Nils rumgemacht. Ich war betrunken und habe ihn geküsst –
ganz oft. Er küsst eigentlich ganz gut, ziemlich
gut. Nur was ist morgen? Will ich ihn dann noch?
Und was ist, wenn er wirklich so ein Schwein ist, wie
alle behaupten? Warum habe ich nur mit ihm rumgemacht?

22.01.1995

Ich glaube, ich bin jetzt mit Nils zusammen. Ich bin
total in ihn. Wieso? Wegen seinen süßen Hasen-
zähnen? Ich liebe einfach alles an ihm! Heute bei
Fridolin haben wir die ganze Zeit rumgeknutscht.
Er küsst gut und seine Hände sind auch schön. Wo sie
waren? Unter meinem T-Shirt. Ich weiß auch nicht
warum. Ich bin noch nicht einmal mit ihm zusammen. Jessy, Du Schlampe!

09.02.1995

Heute war ich bei Nils. Ich mag ihn echt gerne,
aber ich bin mir nicht mehr sicher, ob ich auch in ihn
bin. Ich habe kein Kribbeln im Bauch und kein Herzklopfen, wenn ich ihn sehe. Noch nicht einmal,
wenn ich ihn küsse. Ist er einfach nur ein Mittel zum
Zweck? Will ich nur seine Zärtlichkeiten? Soweit bin
ich noch mit keinem gegangen. Als ich bei ihm war,
hatte ich mein T-Shirt ausgezogen. Das bedeutet

oben ohne!!! Das Solo-sein vermisse ich allerdings ein bisschen. Keine Jungs mehr anmachen, kein flirten. Na ja, eine kleine Pause sollte drin sein.

Silja, 19 Jahre, 22. 11. 1998

Endlich frohlockt mein Herz und meine Seele jubiliert. Ich bin ihn los.

Wie habe ich ihn am Schluss verachtet für seine Angeberei, seine Sprüche … Außer einem Knackarsch und einem hübschen Oberkörper hat er nichts, was ich an Männern schätze. Was nützt der schönste Arsch, wenn man dem Mann nicht mehr in die Augen schauen kann, weil sie so hündisch blicken und dahinter geschrieben steht: Verlass mich nicht, ich brauche dich, ich bin so schwach. Ich konnte ihm nicht mehr zuschauen, wie er isst. Küssen hat mich so geekelt und Sex war sowieso immer Zwang. Sein Gerede von Fesselspielen mit seiner Ex-Schlampe, und immer wieder die Andeutungen, es gäbe schöneren Sex. Ihm einen blasen wollte ich nicht. Also bin ich Scheiße im Bett. So hat er es gesagt, obwohl ich die erste war, die angesprochen hat, daß etwas falsch läuft. Aber es ist ja vorbei.

Nadine, 16 Jahre, 13. 01. 1999

Aah, heute wieder Mr. Ken gesehen. Kein Typ auf der ganzen Welt sieht besser aus wie der. Noch nicht mal Leo di Caprio. Heute hat er mir sogar einen Blick zugeworfen. Vielleicht ja nur abwertend, aber egal!

18. 01. 1999

Dieses Wochenende war absolut mega-genial. Am Freitag im Kußmund voll Party gemacht. Freestyle getanzt und so. In Bad Dürrheim war Narrentreffen. Und da war: MR. KEN! Ich glaub, ich hab zu laut »ist der geil« gesagt. Ich muss ihn unbedingt wiedersehen.

20. 01. 1999

Ach Mann, so 'ne fackscheiße. Mr. Ken geht nicht mehr zur Schule! Wahrscheinlich hat er seinen Abschluss gemacht! Wie soll ich ihn denn jetzt noch sehen. Hoffentlich ist er mal im Alpha, wenn ich auch gehe und vielleicht geht er ja mal in den Kußmund oder sonst irgendwohin und dann laber ich ihn an. Ich liebe Mr. Geil. I love Mr. Ken! Wer weiß, vielleicht gibt's ja bald 'nen Knall und dann wird aus der Öde meines Lebens Liebe, Fun + Mr. Ken!
Bitte Gott! Hilf mir. Nur einmal im Leben!

13. 03. 1999

Ich kann gar nicht glauben, wen ich gestern kennengelernt habe.

Gestern, Freitag, waren Lisa, Jasmine und ich im
Allright. Da war's naja, bis ich Mr. Ken entdeckte.
Ich ließ ihm 'ne Nachricht zu kommen. Da kam dann
irgendwann sein Freund zu uns und hat gemeint, er
holt Mark (so heißt also Mr. Ken) her. Mark setzte
sich zu mir und wir laberten. Er arbeitet in Hannover als Handelskaufmann, ist 23 Jahre alt. Er
zahlte mir sogar 'nen Sekt. Mark war schon ganz
nett, aber der hat so hochgestochen geredet und
irgendwie kommt er mir schwul vor. Als wir zahlten,
wollte er meine Handy-Nummer haben. Er sagte, er
meldet sich mal, und Tschüss ohne Händedruck oder
sonstiges.
Manchmal fällt man wirklich auf die Schönheit
mancher Menschen rein. Warum sind gerade die
schönsten Typen arrogant, unantastbar, schwul
oder vergeben? Trotzdem, Mr. Ken-Mark ist der
geilste Typ aus ganz Baden-Württemberg.

14. 03. 1999

Habe gerade deprimiert feststellen müssen, daß
Hannover ja fast bei Hamburg liegt. Das sind ja
sicher über 6 Stunden Fahrt. Ich muss ihn vergessen, weil er zu alt ist usw. Außerdem, wenn der
wüsste, daß ich erst in 2 Tagen 17 Jahre alt

werde! Aber auf eines bin ich stolz: Ich habe ihn kennengelernt, den geilsten Mann, den ich kenne! Ich liebe Mr. Ken-Mark für immer – wenn auch vergeblich. Jetzt muss ich noch voll lernen, aber wie soll das gehen, wenn die ganze Zeit Mark in meinem Kopf rumspuckt!?

Ellen, 15 Jahre, 23. 05. 1995

Ellen-Peter-Pläne:
    zus. duschen
    zus. übernachten
    spazieren gehen
    zus. baden
    zus. schlafen
    zus. Video gucken

Sonja, 14 Jahre, 07. 03. 1988

Ich will so gern mal einen Popper aufreißen. Bisschen Rummachen ist ja ganz witzig. Bloß, wie krieg ich den dazu? Konsequent ranhalten + anmachen + vollschwätzen. Am Besten wieder 'nen Türsteher, weil der nicht weg kann!
Ich glaub, wenn man nicht ganz hässlich ist, ist das Aussehen ziemlich wurscht. Wenn die Linda das gepackt hat! Es kommt nur drauf an, wie man sich ranmacht. Ich glaub, das nächste Mal provozier ich (wen?) irgendwie, dann schüttel ich ihn, dann schmeiß ich ihn auf den Boden und fall halt so

drauf. Oder ich stürz halt selber. Es wär natürlich noch besser, wenn er auf mich fällt (aber nicht so fest, das kann nämlich schmerzhaft werden).
Aber es wär natürlich peinlich, wenn ich ihn so runterreißen will und er fällt nicht. Es ist echt besser, wenn ich so tu als wär ich gestolpert und schmeiß mich voll hin. Wenn ich ihn nämlich nicht mitreißen kann, kann ich mich wenigstens voll an ihm festklammern (ist doch was!).

Francis, 17 Jahre, 1988

JULIA

Ich traf sie in Havanna letztes Jahr
Der Mond war rot wie Feuer
Sie saß in einer Cocktailbar
Der Abend wurde teuer

Als ihre Hand die meine fand
Da sagte sie: Ich heiße Julia
Danach lagen wir am Palmenstrand
Und waren uns plötzlich so nah, so nah

Julia, der Sommer ist vorbei
Julia, drum gebe ich dich frei
Julia, es war Liebe schwer wie Blei

Mit Julia am weißen Strand
Verlor ich das Gefühl für Raum und Zeit
Sie hat mich zärtlich Romeo genannt
War das Liebe für die Ewigkeit?

Doch die Zeit war kurz mit Julia
Auf einmal war der Abschied nah
Sie gab mir einen letzten Zungenkuss
Ich setzte mir einen Venenschuss

Ellen, 14 Jahre, 30. 08. 1994

Jetzt, wo ich voll verknallt in Benjamin bin, finde ich ihn auch voll hübsch. Die Ohren sind so niedlich + anliegend. Die rote Himmelfahrtsnase ist so lang + süß! Diese braunen Wuschelhaare! Und erst die Wangenknochen! Und der Mund, die Lippen, weich, dick. Die Zähne, die glasig leuchten, wenn ein Spuckefaden darüber zieht. Die Beine, zwar dünn, aber doch stark. Was wohl zwischen den Beinen ist??

21. 10. 1994

Ich sitze auf'm Klo und denke an alles. Ich kann schon gar nicht mehr sagen, wie oft wir uns getroffen haben. Neulich war er krank. Alles war so klar. Ich bin in seine Küche, habe Tee gekocht. Es war so Gewohnheit, und das fand ich viel größer als den kribbeligen Anfang. Ich denke, wir haben uns immer noch so viel zu sagen nach all den Tagen.

Tom, 19 Jahre, 24. 06. 1988

Ich geh in die Asche. Mit den Mädchen hat man nur Ärger. Zwar schönen Ärger, aber verwirrend.
Ich habe mich gerade mit Sade-LP »Promise« etwas beruhigt.
Heute auf Arbeit war es sehr gemütlich. Halb 8 bin ich da gewesen und habe bis 8 Uhr vor mich hinge-döst. Ich habe ein paar Schilder (Ausstellung) und

eine Reinzeichnung gemacht. Halb 11 kam
Manuela. Ich kenne sie schon seit 4 Jahren. Ich
wollte mit ihr gehen. Jetzt ist sie eine Heavy-Me-
tal-Tante. Sie hat schöne Brüste, ist schlank
gebaut, aber die Freundin meines Bruders.
16 Uhr nach Hause. Kaffee trinken. Platten anhören. Auf dem Spielplatz eine Nachbarstochter.
J. Klasse und plötzlich gut gebaut. Na ja!
Jazz Dance-Training. Nur 2 Leute. Meine »Kirsche«
und eine andere. Die »Kirsche« ist verheiratet. Der
Wahnsinn. Der Körper. Die Brust!! Zwei runde Öff-
nungen unterhalb der Achseln im Sonnentop!
Breakdance-Wellen geübt mit ihr. Dann kam die
Chefin, wir waren zu viert. Habe noch etwas »rum-
gebreakt«. Mein Knie rechts tut weh! Miniskus von
den Kniedrehungen?
21 Uhr geduscht. Zu Kathleen gefahren. Es geht
los! (Ärger) Nicht da! Ich zum »Volkshaus«. Als erstes sehe ich Kathleen. Von hinten. »Hallo.« Sie
freut sich. Ich rede mit ihrer Freundin Sandra.
Gehe mit Sandra an die Bar. Hole 3 Cola Wodka. Aus
Lautsprecher »Sun City«.
Später: Sehe Sandra. Setze mich zu ihr. »Tanzt du
mit?«
»Jaa!« Sie hängt sich an mich. Wir schmiegen uns
geil aneinander. Eine große Brust, im Gegensatz zu
Doro aus Teltow, fest.
Kathleen guckt dumm! Kommt an, rennt weg.

Sandra passt genau in meine Arme. Wie dafür geschaffen.

Sie: »Warte mal kurz.« Sie geht zu Kathleen. Ich tanze weiter. Es läuft »Coming to my life«. Sie kommt auch beim 2. Lied nicht wieder.

Ich spüre, sie wollen gehen. Ohne mich! Was hat Kathleen erzählt? Habe mich angezogen und bin nach Hause. Wo Sandra doch so gut in mich passt! Und die Brust!

Nur Ärger.

Saruschka, 13 Jahre, 20. 05. 1999

Liebes Tagebuch,
ich glaube mich verliebt zu haben. Seinen Namen möchte ich an dieser Stelle noch nicht nennen. Du musst das verstehen! Ich möchte erst das Vertrauen zu dir wiedergewinnen.

22. 05. 1999

Liebes Tagebuch,
ich habe das Gefühl, immer beobachtet zu werden. Aber trotzdem werde ich dir heute seinen Namen verraten. Jetzt aber noch nicht.

Ich glaube dir jetzt gleich seinen Namen nennen zu müssen. Er heißt … oder nein, erst nachher, wenn ich genug für heute geschrieben habe.

(1 Seite später)

Ich glaube, daß ich jetzt langsam zum Ende komme. Also dann mach ich mich mal ganz langsam ans Verraten von seinem Namen ran. Er heißt ~~Jonas~~ Ich verdecke jetzt die Seite. Ich hab' ja schon erzählt, daß ich mich beobachtet fühle.

Mascha, 13 Jahre, 07. 10. 1993

Heute hab ich mich in Steffen Krolow verknallt. Ich hab fast keine Chance, es gibt nämlich ein kleines Problemchen: er ist ca. 5 Jahre älter als ich! Das ich mir auch immer so Alte ausgucken muss … bei Danilo war es zwar das gleiche Alter, aber er war halt kindlicher und auch nicht so wählerisch!

Ellen, 15 Jahre, 15. 06. 1995

Ich möchte voll gerne mit Sebastian schlafen. Ich fühle mich reif + sicher genug und ich vertraue ihm. Bloß, ich kriege die Scheiß-Pille frühestens in 1 Monat, und dann sind schon Ferien, d. h. wir sehen uns 6 Wochen nicht!

Wir hatten gerade Werken, da fragte mich Lydia, ob ich eine Freundin hätte. Ich meinte »nein«! Sie meinte, daß Krefti Franziska Baumann, 12 Jahre alt, Klasse 7R2, mit mir gehen wollte. Krefti sah nicht wie 12 Jahre alt aus, sondern schon etwas älter und »griffig« aus, nun ja ... Sie wissen schon. Ich war erst erschrocken, weil Krefti sonst mich immer verarscht und rumgepöpelt hatte. So kam ich zu dem Entschluss, daß sie mich nicht möge. Ich sagte zuerst »nein«. Einige Tage später bekam ich schon wieder einen Brief von Patricia Nobs, Klasse 8H1. In dem Brief stand, daß sie mich verehren würde und daß sie mich seit einiger Zeit auf dem »Kicker« hätte. Ich hatte von ihr noch nicht gehört, sie sah nicht schlecht aus, aber die war für mich erst recht nichts gewesen. Nun ja, es ging weiter mit Krefti, alle meinten, daß sie eine »gute Partie« gewesen wäre und alle haben auf mich eingeredet. Einige Wochen später hatte Krefti nun immer noch keine Antwort von mir. Und dann schließlich, als ich »ja«, sagte, wollte sie nicht mehr. Als Begründung meinte sie, ihre Eltern ließen sie nicht aus Nordenham raus. Ich dachte erst »oh, scheiße«, doch dann war ich froh, daß sie »Nein« gesagt hatte, weil ich nur mit ihr »gehen« wollte, weil die anderen es gesagt hatten. Ich bin froh, daß ich die eine wie die andere abwimmeln konnte.

Laura, 16 Jahre, 06. 12. 2002

Gestern hat Martin mit mir Schluss gemacht. Zuerst die totale Verzweiflung, dann NICHTS. Bin noch nicht mal enttäuscht, kenne es ja nicht anders. Warum machen die Männer es sich immer so leicht?

Karla, 12 Jahre, 27. 06. 1984

Wahrscheinlich sind alle Jungen feige, aber ich und sonst alle Mädchen auch.

Ella Carina, 11 Jahre, 22. 10. 1991

Jan . . . . (u.s.w. Pünktchen), das ist der große Grund, weshalb ich mal wieder schreibe. Ich glaube, ich bin ernstlich verknallt. Aber er mag mich auch. Wenigstens ein bisschen. Es ist fast schon so, als gehen wir zusammen. Wir fahren zusammen zur Schule, sind in den Pausen zusammen und gehen manchmal zusammen ins Kino (na ja, 2 Mal trafen wir uns zufällig).

Wencke, 15 Jahre, 07. 06. 1986

Vielleicht bekomme ich auch mal einen Freund. Ich möchte nur gut befreundet sein, nicht so mit abknutschen und so.

Karin, 15 Jahre, 13. 04. 1989

Irgendjemand sollte mich jetzt im Mondenschein auf einer Parkbank küssen. Oder im hohen Wiesen-

grase am unberührten Waldrand, Schmetterlings-
wirbel, Sonnenglanz, Himmel ganz in hellblau,
vielleicht kleine verstreute Schäfchenwolken, nur
zu zweit, weit und breit (welch ein romantischer
Reim).

Meike, 16 Jahre, 19. 06. 1989
Heute ist der 171. Tag in diesem Jahr. Und jeden
Abend dieser Tage lag ich sehnsüchtig und mit
Gedanken an Armin im Bett. 171 Tage!! Dazu kom-
men noch etwa 30 Tage (wenn nicht mehr) aus
dem alten Jahr – wären also 201 Tage nur Armin.

Mascha, 13 Jahre, 10. 07. 1993
Wir haben uns 3,5 Tage, ca. (14 + 48 + 21 =)
83 Std. nicht gesehen! Und es kann noch mal mindestens ebenso lange dauern, bis es wieder passiert! Ich bin ja 40 Tage mit Monique zusammen in
Frankreich, das sind 1600 Std.! Davon vielleicht
600 Std. Nacht, aber es ist immer noch viel!
Egal, wenn ich ca. 80 Jahre alt werde, sind diese
6 Wochen davon 52 × 80 = 4160, 4160 : 6 = 693,3,
nur ein 693,3-tel., ca. 700-tel. meines Lebens. Nur
eine Zeit von 700 genauso langen!

Nadine F., 14 Jahre, 03. 12. 1993
In der Jungenwelt ist es leer.

Aline, 13 Jahre, 13. 09. 2000

So, die Schule hat wieder angefangen. Wir haben
einen Neuen aus Afrika gekriegt! Er ist echt süß! Er
ist braun und er hat schwarze Ringellöckchen. Ich
guck morgen mal, ob ich Herzklopfen hab.

Ella Carina, 13 Jahre, 23. 08. 1993

Ich und David haben eben am Telefon Schluss
gemacht. Er meinte, er wäre nicht traurig, er
hätte gleich gemerkt, daß wir nicht zusammenpas-
sen. Es war gut, daß ich angerufen hab. Es war ein
schöner Abschluss zu einer gescheiterten Liebe. Ich
weiß jetzt ungefähr Bescheid. Wenn's nicht
klappt: drüber reden. Wenn's <u>dann</u> nicht klappt:
Lieber kurz und schmerzlich die Beziehung töten
als langsam zu Ende foltern.

Şakir, 17 Jahre, 06. 01. 1997

Krzysztof und ich schliefen trotz Verbot meiner
Eltern in einem Zimmer mit Stephie und Jane.
Krzysztof und Stephie schliefen im unteren Bett
und ich lag mit Jane im oberen. Da ich auf Nummer
sicher gehen wollte, hielt ich Abstand zu Jane,
aber nur körperlich. Krzysztof und Stephie fingen
an sich sexuell näherzukommen, doch ich
behaupte, daß das, was Jane und ich machten,
nämlich nebeneinander liegen und sich flüsternd zu
unterhalten, viel mächtiger und magischer ist als

242

das »übliche Geknutsche«. Irgendwann sind wir eingeschlafen, und als wir aufwachten, beschwerte sich Jane, daß ich nicht dicht genug aufgerückt wäre. An diesem Morgen hätte mein Herz, wenn es eine Sonne wäre, das ganze Universum verbrannt.

Elena, 16 Jahre, 20. 10. 1986

Heute war der erste Tag der Projektwoche. Ich habe das Projekt »Liebe & Sexualität« bei Herrn Sprengmann gewählt. Außer Stefanie und mir sind alle anderen in der J. Klasse. Einer von den Jungs aus der J. ist unheimlich süß. Er heißt Sönke und sieht unwahrscheinlich gut aus. Echt ein Traummann. Aber er ist erst 15 und benimmt sich natürlich auch dementsprechend. Ich finde das nicht schlimm, im Gegenteil, das ist ja ganz normal, aber ich habe, glaube ich, doch etwas andere Ansprüche. Außerdem mache ich mich ja auch lächerlich. 15!

23. 10. 1986

Ich glaube, ich habe mich jetzt doch in Sönke verliebt. Bis jetzt habe ich immer gedacht, daß das alles nicht so ernst ist. Aber heute war er relativ cool zu mir und ich war unheimlich enttäuscht. Scheiße!

24. 10. 1986

Sönke! Ich glaube, ich verliere langsam wirklich den Verstand. Ich habe ihn heute so eindeutig angemacht, daß er das eigentlich gar nicht missverstehen konnte. Ich weiß nicht, ob ich zu weit gegangen bin. Ich habe ihm meine Telefonnummer gegeben und er kommt mich in der nächsten Zeit besuchen.

immer noch 24. 10. 1986, 19.30 Uhr

Sönke ... Ich bin so verliebt in ihn!!!!!! Mir ist jetzt echt alles egal, ich muss mit ihm zusammen kommen. Er hat vorhin angerufen und gesagt, daß er zum Schulfest kommt. Als er dann nicht da war, bin ich fast ausgeflippt und bin nur noch durch die Gegend gerast und war total enttäuscht. Zum Glück ist er dann doch noch gekommen. Sönke, Sönke, Sönke, Sönke. Mein ganzer Bauch kribbelt und ich werde fast verrückt, wenn ich an ihn denke. Ich glaube, ich werde langsam echt albern. So toll ist der Typ nun auch wieder nicht. Ich sage nur: 15! Egal! Mir ist alles egal! Ich will zu ihm!

Gestern hab ich mit Olli Schluss gemacht! Weißt Du, ich hab ihn einfach nicht mehr richtig geliebt.
Hier, das habe ich vorgeschrieben und ungefähr so am Telefon gesagt:
Hallo Olli,
ähm Olli ich wollte Dir sagen, daß ich Dich noch ganz doll lieb hab, Dich aber nicht mehr liebe. Und das bringt dann nichts, wenn wir noch länger zusammen bleiben. Ja? Verstehst Du das?
    Jana

21. 12. 1993
Ich hab mir so überlegt, daß ich gerne (an Silvester oder so) wieder mit Olli zusammenkommen möchte.
Den Brief, den ich ihm schicken wollte, siehst Du auf der nächsten Seite:

Hallo Olli,
ich hab da so ne Frage: Willst Du wieder mit mir gehen? Ähm, ach so ja, wenn Deine Antwort ja lautet, wäre ich total happy.
Allerdings könnten wir uns die Weihnachtsferien nicht (oder nur ganz selten) sehen, weil Lilli am 27. 12. kommt und wir dann nach München fliegen. Das heißt, Lilli und ich haben nur fünf ganze Tage, um all ihre Freunde zu besuchen, in den Stall zu

gehen, nach Düsseldorf zu fahren usw. Du verstehst.
BITTE SCHREIB MIR GANZ SCHNELL ZURÜCK ODER RUF AN. Bitte!
Ich hasse es, in Ungewissheit zu stehen.
   Tschau Jana

Ist der Brief einigermaßen ok?

Susanna, 19 Jahre, 23. 08. 1998

Welcher Mann bringt das Beste aus mir hervor? Er muss: Linsensuppe mit Würstchen für mich kochen. Mir helfen, mein Chaos im Kopf und im Zimmer im Schach zu halten. Meine Hand halten und mich küssen.

Almut, 16 Jahre, 03. 04. 1994

Wenn ich mich jetzt verlieben müsste, dann in Dennis aus meiner Klasse. Ich steh auf lange Haare und Vernunft.

Mascha, 14 Jahre, 06. 04. 1994

Das ist so'n Mist ... Ich hab leider auf einer Party, auf der ich so high (ohne Drogen!) war, Freunden von Michi erzählt, daß ich ihn gut find. Jetzt weiß es so ziemlich jeder. Er auch. Und meine Haare sind ausgerechnet jetzt so blöd-kurz!

Karla, 12 Jahre, 18. 11. 1984

Hör auf mit diesem ewigen Streiten,
ich lauf dir nicht mehr hinterher,
ich will dich nicht mehr leiten,
du interessierst mich nicht mehr!

Ich dich auch nicht?
wie wunderbar!
du hasst mich doch auch?
na, dann ist ja alles klar!

Greta, 11 Jahre, April 1996

Timm ist voll pervers. Der hat mich geküsst!!!
(Ihhhh).

Magdalena, 13 Jahre, 18. 05. 2001

Ich will unbedingt einen Freund. Ich finde es total
schade, daß ich noch keinen hatte, weil jetzt
hätte ich bestimmt schon ein bisschen Angst davor
oder auch, daß ich den French Kiss (Zungenkuss)
verpatze. Außerdem wird es mit der Zeit immer
schlimmer und auffällig: Ich bin eine unter Vier in
der Klasse, die noch so gut wie gar keinen Busen
hat. Voll peinlich! Warum gerade ich? Da brauche
ich mich gar nicht wundern, warum ich keinen
Freund habe. Außerdem sehe ich so noch jünger
aus! Ein Scheiß aber auch!

03. 06. 2001

ICH HAB SEIT HEUTE EINEN FREUND! Habe Stefan beim Open Air Konzert kennen gelernt, seine super Anmache war »pssst«. Dann haben wir uns mal so getroffen und heute sind wir ins Kino (Mumie 2). Morgen treffen wir uns wieder. Bis jetzt habe ich keine Ahnung, wie ich ihn begrüßen soll und keine Peilung, was wir machen könnten. Außerdem habe ich immer noch voll Schiss vor einem French Kiss (Zungenkuss)!!! Ach so: Stefan ist 15 Jahre, Zwilling (Sternzeichen), etwa 10 cm größer als ich, Locken, Ohrring (Gold - total schwul!), guten Klamottengeschmack bis auf die Schuhe (Buffalos - oberschwul) und total süüüüß!

06. 07. 2001

Hallo! Das mit Stefan ging nur vier Tage, dann hab ich Schluss gemacht, weil ich eigentlich gar nicht gemerkt habe, daß ich einen Freund habe, d. h.: Es lief gar nix mehr!

Nadine F., 12 Jahre, 30. 09. 1991

Als ich zur Klasse ging, schrie er so was wie: »Du bist sexy«, und von da an wusste ich, daß er versaut ist.

Wencke, 15 Jahre, 18. 08. 1988

Ich habe mir jetzt ernsthaft vorgenommen, wenn ich einen Freund habe, regelmäßig Tagebuch zu führen. Ich hoffe ja, daß das bald der Fall ist und daß der Grund Blondi ist. Ich habe Blondi schon so viele Briefe geschrieben, aber keinen abgeschickt.

11. 09. 1988

Wenn heute Abend noch etwas Wichtiges passiert, schreib ich heute Nacht weiter.
Heute Abend ist gar nichts mehr passiert. Nur am Anfang habe ich Blondi getroffen. Ich hab »Hallo« und er »Hi« gesagt.

01. 04. 1989

Gestern waren wir im Clash. Später sind noch Lukas und Jürgen gekommen. Mit <u>Blondi</u>. Ich könnte dem noch nicht (jetzt noch nicht) in die Augen schauen.

10. 07. 1989

Wenn ich einen Freund hätte und Blondi mich mit dem sehen würde. Das Gesicht möchte ich sehen.

27. 01. 1990

Die ganze letzte Woche habe ich mir eingebildet, daß ich Blondi vergessen habe. Und heute war alles wie immer. Ich denke am besten gar nicht mehr.

26. 02. 1990

Mit Blondi ist bei mir noch alles so wie immer. Herzklopfen und weiche Knie, wenn ich nur weiß, daß
er irgendwo in der Nähe ist.

09. 03. 1990

Ich halt das nicht mehr aus. Seit über zwei Jahren
geht das jetzt schon so. Warum kann ich ihn nicht
auch mal ansehen, wenn er guckt, damit ich sehe,
wie er reagiert. Wenn er morgen auch kommt, will
ich versuchen, irgendwie »Kontakt aufzunehmen«.

11. 03. 1990

Das mit dem Kontakt aufnehmen war wohl nichts.
Das einzige, was ich gesagt habe, war »Hallo«,
nicht mehr und nicht weniger.

16. 03. 1990

Verdammte Scheiße, warum muss das alles so
schwer sein. Warum muss ich mich nur so doof
anstellen. Zu ihm hingehen? Ich weiß nicht! Mir war
auch den ganzen Abend schlecht.
PS: Ich will nicht mehr.

18. 03. 1990

Ich will doch noch.

02. 04. 1990

Ich werde Blondi vergessen. Ich muss einfach!

13. 04. 1990

Blondi hatte <u>Turnschuhe</u>, selbstgestrickte Socken, Jeans und Pullover an. Nicht diese teuren und popperhaften Klamotten. Ich glaube, ich kann ihn nicht vergessen. Nie! Wenn ich ihm irgendwann begegne, werde ich mit ihm reden. Das nehme ich mir zumindest vor.

28. 04. 1990

Blondi war nicht da und ich habe ihn nicht mal vermisst. Ich hab mich zwar oft umgeguckt, ob er doch noch gekommen ist, aber nur um sicher zu sein, daß er nicht da ist (hoffe ich).

09. 06. 1990

Ich glaube, ich hoffe, daß ich über Blondi weg bin.

Paula, 19 Jahre, 19. 09. 2001

Alles ist vorbei!! Meine Vorstellung von wirklicher
Liebe ist komplett zerstört! Ich weiß, was ich
getan habe war ein hartes Brot für ihn, aber wenn
man liebt, dann isst man auch hartes Brot.

Karla, 12 Jahre, 29. 10. 1984

Merle hat eine schwere Entscheidung: Tobias oder
Uli. Ich glaube, sie wird sich für Tobias entscheiden. Obwohl ich ihm das nicht wünsche.

Ellen, 13 Jahre, 01. 11. 1993

Weißt du was, Tagebuch? Ich würd ihn so gern <u>rich-
tig</u> küssen. Ihn ganz fest umarmen. Ihn streicheln
und er mich. Wenn ich ganz ehrlich bin, hätte ich
auch nix dagegen, wenn er mich übers T-Shirt o.
Body streichelt oder unters Hemd geht (den BH
nicht aufmachen!).

Martha, 15 Jahre, 07. 03. 1999

Vielleicht sollte ich mich echt töten – ohne Scheiß.
Vielleicht würde es ihm dann leid tun, VIELLEICHT.
Aber wahrscheinlich freut er sich dann eher über
eine lästige Verehrerin weniger. Den Gefallen tu ich
ihm nicht, da kann er lange warten.

Aline, 16 Jahre, 08. 06. 2003

Juhu, ich bin so happy und verliebt. Also, wir sind
gestern alle zum Fabian zum Fussball gucken
gegangen und Kevin war auch da. Da sein Hemd
nass war, hat er es ausgezogen, also nackter
Oberkörper!! Dann haben Valerie, ich und er eine
Kissenschlacht auf dem Wasserbett gemacht, später dann nur noch er und ich. Wir waren ganz allein
im Schlafzimmer und dann haben wir die Tür zuge-
macht und geredet. Ungefähr 2 Stunden lang!!! Er
hat nämlich ein Problem mit ner Tussi, mit der er
irgendwie zusammen ist, die sich aber nicht mehr
meldet. Ich hab zugehört und versucht ihm zu helfen. Ich fand's so geil!!! Als wir dann auch gegangen sind, gab's eine Umarmung zum Abschied! Ich
schreib gerade SMS mit ihm und versuch ihn zu trösten, weil sie sich immer noch nicht gemeldet hat.
Er hat doch echt was Besseres verdient! Mich vielleicht?

Lieber sollen sie von mir sagen, ich lasse keinen an mich ran, als ich bin eine, die mit jedem geht.
Genau. Mein Vorsatz!
Frank (oh nein)
Alex (hilfe)
Casimir (ganz okay)
Marvin (naja)
Hans-Joachim (total nett)
Stephan (naja)
Sandro (help me!)
Manuel (süß, aber ...)
Das sind 8. Scheiße. Und ich will nur mit René gehen!!

René hat gefragt, und ich werd ja sagen, aber ich lasse ihn warten.

René hat mir ne Kette geschenkt, ich will aber Schluss machen.
1. Weil er so blöd ist
2. Wegen Manuel

Ich hab Schluss gemacht. Darüber habe ich lange genug nachgedacht. Hab in der Schule nicht aufgepasst. Alles wegen René.

Ella Carina, 15 Jahre, 18. 12. 1994

TOP 10, mit denen ich am ehesten gehen würde:

C. Niemeyer

A. Roloff

Florian S.

Kai soundso

J. Heibach

F. Steinbrink

Oberstufen-Löckchen

Nils G.

Nils F.

Nils H.

Sophia, 15 Jahre, 24. 02. 1996

Er hat bei mir übernachtet und es war sehr schön und gemütlich auf meinem Hochbett. Ich hatte das Gefühl, mich das 1. Mal richtig auf ihn einzulassen und nicht so viel beim Küssen zu denken.

Ich musste an Prinz William denken – Geheime Träume & verborgene Leidenschaften

Nadine, 15 Jahre, 28. 03. 1997

Keine Ahnung, aber ich glaube, jeder hat Wünsche oder Träume, manche kl., manche gr. Naja, meine sind klein. Ach, man wird sehen. Ich lebe jetzt. 1997. Und ich habe Träume.

fleißig. Mein eigenes Zimmer. Davon träume ich. Jetzt wird mein Traum war. Ob andere Träume dieses Jahr auch wahr werden? daß dich überraschen Ich hoffe es natürlich. Vielleicht ..... Man wird sehen. Träume darf man leben, aber lebt man für Träume? Träume was heißt das. Sind das die Träume die man in der Nacht träumt oder sind es die Wünsche die man nie erfüllen kann, die man am Tag träumt!? Keine Ahnung, aber ich glaube jeder hat Wünsche oder Träume, manche kl., manche gr.. Naja, meine sind klein. Ach, man wird sehen. Ich lebe jetzt. 1997. Und ich habe Träume.

Marlene, 16 Jahre, 24. 08. 1996

Da bin ich nun. In Amerika, dem Land der tausend
Möglichkeiten. Wider Erwarten plagt mich das
Heimweh. Ich habe Sehnsucht nach Floppi, Harry,
Vicki, sogar meiner Familie und natürlich fehlt mir
auch das Kiffen.
Ich wäre so gerne ein Hippie.

20. 09. 1996

Ich lese im Moment ein Hippie-Buch, in dem zwei
Rucksackreisende um die Welt trampen. Das ist ein
Traum für mich, daß ich mit Vicki alle Spinner der
Welt aufgabele.
Peace and Love!

Sophia, 15 Jahre, 25. 02. 1996

Ich sitze wieder im Zug und schaue aus dem Fens-
ter. Oft sind dort kleine Schrebergärtenhäuschen.
Ich wünsche mir so, wenn ich einmal ausziehe, in so
einer kleinen Hütte zu wohnen.

Nadine F., 14 Jahre, 18. 10. 1993

Ich würde gerne mal weg. So nach Bochum, Köln
oder Kassel oder so. Irgendwohin, wo mich keiner
kennt, wo ich noch einmal von vorne anfangen
kann. Neue Freunde, eine gute Klasse, vielleicht
sogar eine andere Familie.

85

Morgen beginnt die Schule. Ich beschreibe mal kurz, wie ich mir den Tag morgen wünsche:
Um 6.16h wache ich auf. Fröhlich und ausgeschlafen trotte ich ins Bad und schau in den Spiegel. Ein süßes, fröhliches Mädchen grinst mich an, ganz ohne Pickel.

Ich esse ausgiebig und radle los. Überall in der Schule treffe ich Freunde, Kumpels, Bekannte. Hülya und ich umarmen uns und alles ist wieder OK. Die ersten beiden Sportstunden bringen wir hinter uns. Für meine Seil-Kür bekomme ich eine 1–. In der Pause treffe ich Olli. Er sagt mir, daß er mich lieb hat und mich nach der Schule ins Eiscafé Venedig einladen möchte. Ich sage glücklich zu.

Nach der Schule radle ich mit Olli zum Eiscafé. Wir reden viel, auch über Gefühle. Es ist klar, daß wir jetzt zusammen gehen. Zum Abschied gibt's ein Wangenküsschen!

Daheim fällt mir Mama um den Hals: Tante Else hat uns 100 000 DM vermacht! Papa schlägt vor, essen zu gehen. Wir fahren zum Chinesen. Abends, bei den Nachrichten, wird bekannt gegeben, daß der Yugoslawien-Krieg endgültig beendet ist! Und außerdem wird ab sofort verboten, Regenwald abzuholzen! Glücklich schlafe ich ein.

Silja, 18 Jahre, 17. 10. 1997

Ja, ich habe Träume und ich habe Ideale. Ich
träume von Liebe, Treue und heile Welt. Aber so will
ich nicht enden. Nicht so frustriert, genervt und
ständig unzufrieden wie meine Erzeuger.
Klar, meine Ideale sind nur eine Orientierungshilfe,
aber wenn ich weiß, daß ich sie sowieso nicht errei-
chen kann, wenn alle Ehen so enden wie diese,
dann bleibe ich alleine und überbrücke die Einsamkeit mit Affären.

Petra, 13 Jahre, 28. 01. 1989

Wenn ich sterben würde, würde das Leben ebenso
weitergehen wie jetzt auch. Meine Familie wird
wohl ein bisschen trauern – vielleicht – aber sonst …
Wozu bin ich überhaupt da? Wozu lebe ich? Ich tue
nichts Weltbewegendes. Wäre ich doch so klug wie
Albert Einstein oder so mächtig wie Ronald Reagan
oder so schön wie Gudrun Landgrebe. Na ja, vielleicht werde ich ja mal ein Hollywoodstar oder so.
Das wäre schön.

Sophia, 15 Jahre, 30. 10. 1995

Ich bin heute mit Malina + Katja zum Schauspiel-
haus gegangen zu einem Info blabla. Wir sind ja
schon toll, wahrscheinlich werden wir voll die
Jungschauspielstars! Ganz sicher, wir kommen dann
in ganz Deutschland rum, weil wir ja überall Ange-

boote kriegen. Wir leben dann alle in einem Hausboot.

Karin, 15 Jahre, 03. 07. 1989

Ich will Sängerin werden
1. weil ich die Musik liebe
2. weil ich, glaube ich, daß auf der Bühne stehen brauche
3. weil ich was Künstlerisches machen will
4. nicht weil mich jemand drängt, verstanden, ich will das alleine, meine Eltern unterstützen mich dabei sehr, merci beaucoup.

Nadine F., 14 Jahre, 23. 02. 1994

Ich bin schon wieder am Denken. Einen süßen Jungen kennen lernen und mit ihm nach England ziehen. Eine Platte aufnehmen und niemals mehr zurückgehen. Oder was auch gut wäre: Der Junge ist gut in der Schule und hilft mir und ich hab keine Probleme mehr.

Clara, 17 Jahre, 24. 03. 1997

Hatte letztens einen Traum: Ich wurde zur Todesstrafe verurteilt, deswegen wurde ich in Salzsäure gelegt, die die Flüssigkeit aus meinem Körper gesaugt hat. Tat weh!

Dorothee, 14 Jahre, 21.05.1994

Ich habe mir heute geschworen in Hollywood Karriere zu machen.

Es ist toll einen absolut irren Traum zu haben. Ich habe gerade im Fernsehen »Die blonde Versuchung« gesehen – mit ALEC BALDWIN!!!! Dieser Mann sieht so geil aus. Also echt diese Lippen. Ich werd noch verrückt. Ich glaube nicht, daß ich jemals in Deutschland einen wirklich gutaussehenden Typen kennenlernen würde. Oder hab ich hier jemanden wie Kevin Costner, Liam Neeson, Joe Lando oder eben Alec Baldwin rumlaufen sehen.

26.04.1995

BRAD PITT! Scheiße! Ich hätte den Fernseher nicht einschalten dürfen! Ich kann gar nicht mehr klar denken.
ICH ZIEHE NACH AMERIKA!!!

Nadine F., 13 Jahre, 27.11.1992

Seit einigen Nächten träume ich, daß ich an Krebs oder etwas ähnlichem sterbe. Ich sehe es vor mir: ein Krankenzimmer, in dem ich liege. Die Klasse ist zu Besuch, darunter auch Linus. Natascha muss alleine reinkommen. Ich wünsche es so. Ich gebe ihr einen Zettel, auf dem steht mein letzter Wille:

1. Mein Tagebuch soll auf keinen Fall von meiner Familie gelesen werden. Ich gebe es Natascha. Nur Natascha und Caspar dürfen es lesen. Caspar darf ab Seite 133 lesen.
2. Natascha und Caspar bekommen all meine Gedichte und Geschichten, die ich geschrieben habe.
3. Meine Kusine Viola soll mein Nilpferd und meine Barbies bekommen.
4. Aus meinen Gedichten und meinen Geschichten soll ein ganzes Buch entstehen. Ein richtiges, echtes Buch. Caspar, Natascha und Dörte bekommen die Erstausgaben.
5. Nun bestellt allen schöne Grüße. Außer kleinen Streits waren die Mädchen der 7b super. Auch die Jungen waren nett. Besonders Caspar. Auch Sebastiano, Arne, Björn, Raphael Schwobi, Steffen, Fabian, Frederico, auch Christian, Danilo, Marvin, Boban, Florian, Matze, Julian und auch Helge. Grüße auch an Julius, Memo, Eric und Kevin.

Sophia, 15 Jahre, 04. 03. 1996
Ach!
Ich habe heute Nacht etwas tolles geträumt.
Ich habe geträumt, daß ich ganz großen Busen habe und ich habe es richtig gespürt.
Ein irres Gefühl!!!

264

Ach!
Ich habe heute
Nacht etwas tolles geträumt.
Ich habe geträumt, dass ich ganz
großen Busen habe und
ich habe es richtig gespürt.
~~Es war~~ ein einer Gefühl !!!

Nadine F., 14 Jahre, 10. 08. 1993

Ich hatte gestern Nacht einen echt schönen
Traum. Mama, Julian, Ich, Herbert und Natascha
waren mit einer Zeitmaschine in der Ritterzeit. Alle
hatten wir Angst, aber die Leute da waren sehr
freundlich. Ich sollte mit einem Prinzen im Bett
übernachten. Abends kamen alle in unser Zimmer
und wir aßen Chips und hörten Songs auf meinem
Walkman.
Irgendwann küsste mich dieser Prinz. Es war echt
ein komisches Gefühl. Ich überredete den Prinzen,

mit in der Zeitmaschine in unsere Zeit
zu reisen. Er fand unsere Zeit auch viel besser.
Wir waren dann richtig zusammen, wir hielten
sogar Händchen und küssten richtig. Als eine
total romantische Szene kam, wachte ich
auf.

Julia, 12 Jahre, 02. 07. 1998

Tach Käpt'n!
Ich hatte einen sehr schönen Traum und den wollte
ich mit Dir teilen. Auf einem Konzert kommt plötzlich Angelo Kelly hinter seinen Drums hervor und
sagt dem Publikum, es solle doch mal einen Moment
lang ruhig sein. Dann sagt er, daß er weiß, daß sein
Traummädchen heute auf diesem Konzert sei, und
es heißt Julia. Dieses Mädchen solle sich jetzt mal
melden. Ich gebe mir einen Ruck und rufe so laut
ich kann: »Hier hinten in Block E.« Plötzlich scheint
ein riesiger Scheinwerfer in mein Gesicht. Einer der
Bodyguards holt mich und ich sehe den Rest des
Konzertes im Fotografengraben.
Als das Konzert zu Ende ist, nimmt Angelo mich an
die Hand und führt mich zum Tour-Bus. Dort quatschen wir die ganze Nacht. Angelo muss am nächsten Morgen früh los. Auf jeden Fall finde ich neben
meinem Bett einen Rosenstrauß und darin seine
Handynummer. Der Busfahrer sagt, bis zum Mittag
hätte er noch Zeit und bringt mich nach Hause.

Kaum bin ich dort, rufe ich Angelo an und gestehe ihm meine Liebe. Auf jeden Fall sind wir jetzt ein Paar und ich wohne mit meiner Familie bei den Kellys.
Cooler Traum, der aber wohl nie in Erfüllung gehen wird, aber wenn, dann liebe ich Gott über alles.

Julie, 17 Jahre, 25. 03. 1990
Scheiße, wie soll ich nur auf's Neubauten-Konzert kommen? Wenn alle Stricke reißen, fahr ich eben mit dem Zug. Auf dem Konzert lerne ich dann Blixa Bargeld kennen und dann leben wir glücklich bis an unser Lebensende.

Saruschka, 13 Jahre, 12. 10. 1998
Weshalb ich eigentlich schreiben wollte, ist, ich musste an Prinz William denken.

Almut, 15 Jahre, 31. 12. 1992

Ich glaube, ich habe mich in Freddie Mercury verknallt. Das einzig Dumme ist nur, daß Freddie schon
seit über einem Jahr tot ist ...

22. 01. 1993

Ich bin schon längst nicht mehr in Freddie verknallt. Was für ein Unsinn aber auch. Er ist tot. Tot
ist ein blödes Wort. Manchmal »rede« ich abends im
Bett mit ihm. Ich starre an die Decke, stelle Fragen oder sage etwas und stelle mir vor, was er
antworten würde. Und oft glaube ich sogar, er
würde echt mit mir reden – komischerweise auf
deutsch.

31. 05. 1993

Manchmal stelle ich mir eine Karriere als Rock-
sängerin vor, so »auf den Spuren von Freddie«.
Ich überlege: Was ziehe ich von meinen jetzigen
Klamotten auf der Bühne an, was erzähle ich in
Interviews u.s.w. So ne Traumkarriere wär der
Hammer. Aber wer weiß, als was ich mal enden
werde?! Ich möchte zu gern jemand werden, der,
wenn er stirbt, etwas in der Welt hinterlässt. Ich
will nicht ein Leben als Unbekannter leben, ich will
bekannt und geliebt sein in der Welt. Alle sollen mir
nachtrauern. So wie es bei Freddie war. Ach,
warum, Freddie? Warum musstest Du so blöd sein,

AIDS zu kriegen? Warum konntest Du nicht vernünftig aufpassen, Frederick Pluto Bulsara?
Warum?

17. 12. 1993

Übrigens: Ich weiß jetzt, was für einen neuen
Haarschnitt ich haben will: Den gleichen wie Roger
Taylor auf dem letzten Queen-Album. Er ist echt
süß!

19. 12. 1993

Roger Taylor! Ich liebe ihn! Jede Bewegung an ihm,
jedes Lächeln oder auch Nicht-Lächeln, seinen
Wuschel, seinen Mund, seine Zähne, seine Augen,
seine schöne, tiefe Stimme (wenn er nicht
krächzt)!
Ohh, ich liebe ihn!

03. 04. 1994

Ich bin nicht mehr in Roger Taylor von Queen verknallt! Ich kann es selbst nicht mehr begreifen.
Naja, passiert ist passiert – aber jetzt aus und
vorbei! Jetzt bin ich nämlich in Kiefer Sutherland
verknallt.

In der Liebe, also da, hm ... Echt verliebt bin ich ja
nicht, nee, also das kann man nicht sagen. So'n
Ferienschwarm nur, und es ist mir fast peinlich ...
ROBERTO BAGGIO!
Libero Italio! Mein kleiner (1.74 m) Superstürmer
aus Italy ...
In dieser WM hat er bis zum F. 5 Tore erzielt.

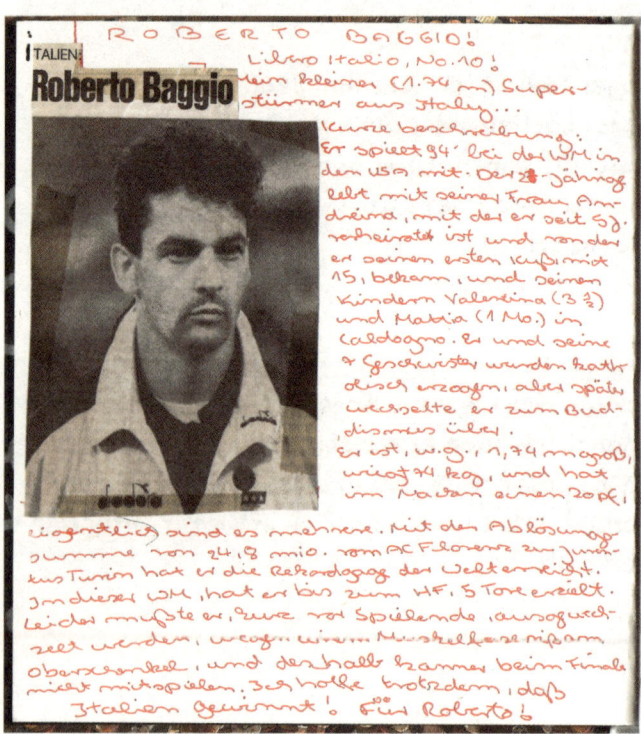

14.07.1994

Ich bin doch bekloppt. Mit meinen fast 15 J. fang
ich an, für einen Star zu schwärmen, obwohl er
sooo weit weg für mich ist!
Wir könnten uns sicher super anfreunden, wenn er
a) mindestens 10 J. jünger wär
b) er in Deutschland wohnen würde
c) nicht so berühmt wär
d) unverheiratet, ungebunden und kinderlos wär

Mary, 17 Jahre, 11.10.1988
Zur Zeit stehe ich so total auf Prince!
Dieses absolute Lächeln! Dieses wahnsinnige,
umwerfende, verzaubernde Lächeln. Prince ent-
spricht ganz einfach meinen absoluten Traumvor-
stellungen von einem Mann. Er verkörpert alles,
was ich an einem Mann toll finde: Erstmal diese
absolut geilen Kleider. Dann die tolle Frisur. Diese
unglaublichen – und berühmten – Augen. Die Nase!
DAS LÄCHELN! Der Mund, die Zähne! Der Blick!
Nur zwei Sachen mag ich nicht:
1. Der Schnurrbart.
2. Die Größe. Er ist ja grade mal 1,60 m groß.

Martha, 15 Jahre, 07.03.1999
Langsam finde ich es selber ein bisschen krank, daß
ich ständig Boyzone höre.

Nadine F., 14 Jahre, 17. 01. 1994

Von Tag zu Tag wird mir klar, daß das mit Mark
Owen nie wahr werden wird. Schade. Warum kann
Mark nicht vorbeikommen und sagen »Pack deine
Sachen«, und ich kann dann mit ihm glücklich sein.
Warum geht das nicht?

22. 03. 1994

Ich bin keine von denen, die ihn nur gut findet,
weil er Mark Owen von Take That ist!
Als Mark bei »Wetten, daß ...?« war, wollte ich in
den Fernseher springen. Ich kann mir gar nicht
mehr vorstellen, einen normalen Jungen als Freund
zu haben.

29. 06. 1994

Ich würde gern singen oder schauspielern.
Wenn ich mit Mark spielen könnte, wäre das ein
genialer Film.
Zum Beispiel könnte er mir in diesem Film nach sei-
nem Konzert einen Zettel zustecken. Er lädt mich
ein, das Wochenende zu bleiben. Dann fragt er:
»Willst Du mit nach England?« Ich packe gegen den
Willen meiner Eltern die Koffer.
In England gehen wir zu einem Ball. Mark sagt:
»Jeder braucht eine Begleitung, geh mit mir hin.«
Als ich mich gerade fertig mache, kommt er zu mir
in den Raum. Er küsst mich, und dieser Kuss könnte

später einen Preis bei den MTV Movie Awards bekommen.
Er schmeißt mich aufs Bett, aber ich sage, ich sei
doch kaum 15, er fast 23! Er müsse verstehen,
jetzt noch nicht. Er hat viel Verständnis.
Ich muss dann irgendwann zurück nach Germany,
schreibe mir mit Mark Briefe. Dann Ferien. Mark
lädt mich ein, er geht auf große Italien-Tournee
und ich soll mitkommen. Ich hab inzwischen zwei
Singles und eine LP draußen, die auf Platz 83
der Verkaufscharts »Hot Hundreds« landet. Es
werden geile Ferien. Ich schlafe dann auch mit
ihm, aber das wird im Film nur andeutungsweise
gezeigt.
An meinem 16. Geburtstag muss ich abreisen.
Als ich in den Jet einsteige, den Tränen nahe,
drehe ich mich um. Mark steht da. Auch Reporter.
Da schreit er: »Halt, warte, geh nicht! I love you,
I love you!«
Ich laufe zurück, in seine Arme, und später weigere
ich mich, nach Germany zurückzugehen. Ich will
die Schule nicht beenden.
Nach einem Auftritt für die MTV Music Awards
fragt Mark, ob ich seine Frau werden möchte. Ich
stimme zu. Ich werde Mrs. Mark Owen. Der Film
endet damit, daß ich meinen Eltern einen Brief
schreibe, in dem steht: »Mum, Dad, ihr werdet Oma
und Opa.«

Der Titel des Films könnte lauten: »You are my Babe«.
Schade, daß so etwas nie gedreht wird.

08. 04. 1995
Ich kann echt nur an Mark denken. Eins steht auf jeden Fall fest: Die normalen Boys können sich ficken, echt.

05. 09. 1995
Ich glaub, ich kann auch ohne einen Popstar wie Mark Owen glücklich werden. Take That sind einfach nur eingebildet und völlig drogenabhängig. Ich stehe jetzt übrigens auf Blur.

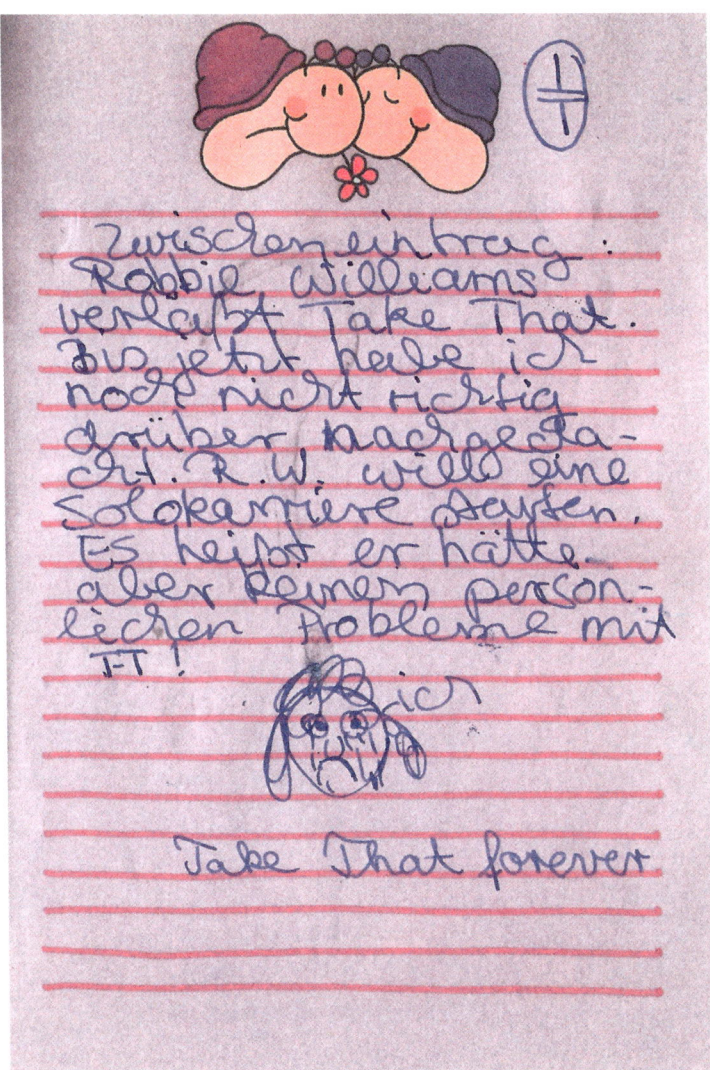

Zwischen eintrag:
Robbie Williams
verläßt Take That.
Bis jetzt habe ich
noch nicht richtig
drüber nachgeda-
cht. R.W. will eine
Solokarriere aufen.
Es heißt er hätte
aber keinen person-
lichen Probleme mit
T-T!

Take That forever

Was ich für poetischen Käse
verzapft hab, oh no! –
Letzte Worte

Nadine F., 16 Jahre, 27.09.1995
Wow. Dieses Buch geht jetzt zu Ende. Das ist die
letzte Seite.
Fast fünf Jahre meines scheiß Lebens hier drin.

Saruschka, 15 Jahre, 15.05.2001
P.S. Als ich sagte, Tagebuch zu führen sei nix für
mich, hatte ich verdammt Recht. Tut mir leid.

P.s.: Als ich sagte, Tagebuch zu
führen sei nix für mich, hatte
ich verdammt Recht.
Tut mir Leid.

Mascha, 13 Jahre, 09.05.1993
Tagebuch, danke, daß du mir immer so geduldig
zuhörst. Du bist mein allerbester Freund!

Jens, 15 Jahre, 20.12.1992
Ich habe gerade beschlossen, die erste Seite aus
diesem Buch rauszureißen, weil die echt albern ist.

Nadine, 16 Jahre, 03. 09. 1998

Hi!

– das letzte Mal –

Na, nun ist es soweit, die letzte Seite wird beschrieben. Buchstaben fügen sich zu Wörtern, Wörter bilden Sätze ... Alles wird eins!

Die letzten Tage der Ferien sind so langweilend, so öde wie mein ganzes tristes Leben. Gähn! Vielleicht ändert es sich bald. Hauptsache ist, dass ich überhaupt lebe, aber ich will jetzt keine langen Reden mehr halten.

Es hat alles ein Ende, so wie du, liebes Buch. Okay, dann:

Ich will noch sagen: Ich liebe dich! Ich liebe Mum + Dad. Ich liebe Janine und Ich liebe die Liebe!

ALL RIGHT?

Du wirst mir nie aus dem Gedächtnis gehen,

1. Tagebuch.

Karin, 15 Jahre, 03. 07. 1989

Oh Mann, was ich oft für poetischen Käse verzapft hab, oh no!

Laura, 11 Jahre, 29. 11. 1997

Ich frage mich, was ich hier manchmal für Schrott reingeschrieben habe (mit den Jungs und so).

- das letzte Mal -   3.9.98

Na, nun ist es soweit, die letzte Seite
wird beschrieben. Buchstaben fügen sich
zu Wörter, Wörter bilden Sätze.
Alles wird eins.
Die letzten Tage der Ferien sind so lang-
weilend, so öde wie mein ganzes trübes
Leben. Gähn! Vielleicht ändert es sich
bald. Hauptsache ist, dass ich überhaupt
lebe, aber ich will jetzt keine langen
Reden mehr halten.
So hat alles ein Ende, so wie du liebes
Buch. Natürlich ist es schwer jetzt
dann neu anzufangen, weil bei dir
alles so bekannt war. Okay, dann:
Ich will noch sagen: Ich liebe dich!
Ich liebe Mutti + Dad, Ich liebe Janine
und Ich liebe ███████████ die Liebe?
AHH RIGHT?
Du wirst mir nie aus dem Gedächtnis
gehen, o Tagebuch.

In Liebe! ░░░░

279

Greta, 11 Jahre, Mai 1996

PS: Meine Schwester liest mit, dann kann ich nicht weiterschreiben!!!!!!!!!!

Ellen, 14 Jahre, 09. 10. 1994

Was ich so denke/fühl, schreib ich momentan mehr Freunden oder erzähle es! Was habe ich also Dir hier noch zu sagen?!?

Nadine F., 16 Jahre, 05. 09. 1995

Ich glaube, jetzt fängt ein neuer Lebensabschnitt an.

Sophia, 15 Jahre, 05. 11. 1995

Ich habe mir gerade mein 1. Tagebuch angeschaut und ... versinke im Boden. Mir fällt auf, in was für eine Illusionswelt ich gelebt haben muss.

Nadine F., 11 Jahre, 19. 10. 1990

GUTE NACHT – aber das lese nur ich, deshalb sage ich mir im Prinzip selber gute Nacht.

Betty, 18 Jahre, 21. 07. 1997

Schluss jetzt, neue Phase, bitte! Nächster Film, nächste Tür ...

Nadine, 16 Jahre:

Nadine F., 16 Jahre, 27. 09. 1995

Ich habe bis zum Ende dieses Buchs das Gefühl gehabt, daß das eines Tages jemand lesen wird. Ist das komisch oder wird das passieren in der Zukunft?

Danksagung

Unser Dank gilt allen Beiträgern für ihren Wagemut, bei diesem Buch mitzumachen: Beatrice Blank, Luna Brockmann, Aline Denkinger, Andrea Dreher, Sonja Eismann, Karin Ertl, Nadine Finsterbusch, Jens Gerdes, Meike Gerlach, Esther Gohl, Katrin Gottschalk, Friederike Gralle, Kerstin Groß, Julia Großmann, Barbara Haas, Petra Hülsmann, Alice Huth, Teresa Jochimsen, Francis Kirps, Anna Kleine, Almut Koch, Karen Koch, Chris Köver, Jenny Kornmacher, Sibylle Kraus, Susanne Kropp, Sven Lang, Nina-Kristin Lederer, Ulrike Linzer, Silke Loh, Stefanie Lohaus, Jula Lüthje, Julie Miess, Uta Meier-Hahn, Catharina Mohry, Clara Ott, Jannis Plastargias, Sarah Plochl, Jana Priester, Christina Raack, Marion Radszuweit, Nicola Reese, Karla Reimert, Astrid Maria Robbers, Stefan Schäfer, Jonas Schmidt, Heidi Schwab, Laura Schubert, Sara Smetek, Caterina Sobania, Vanessa Watkins, Janine Wedel, Anna-Lena Wenzel, Steffi B., Kathrin H., Kerstin E., Saruschka, Melanie, Britta, Sina, Alexandra W., Alexandra G., Antje, Marie, Tom, Şakir, Anne, Kathrin G. sowie einigen weiteren Beiträgern, die mit diesem Buch nie und nimmer in Verbindung gebracht werden wollen und deshalb lieber ungenannt bleiben möchten.
Und natürlich danken wir allen Tagebuch-Freaks vom Bodensee bis zur Nordseeküste, die uns Auszüge aus ihren Werken zugesandt haben und die wir leider nicht mehr mit aufnehmen konnten.

Darüber hinaus danken wir für ihre wunderbare Unterstützung: unserem grandiosen Diary Slam Moderator Sven Onken, Katrin Kroll, Alexandra Kosian-Krishnabhakdi, Timotheus Wiesmann und Pascal Laigre vom Aalhaus, Tim Willi Hansen und

Tobias Gabler von Kirschgruen Design, der weltbesten Babysitterin Anna Werner, Yasmin Onken, Dörte Kanis, Barbara Lorenz, Jens Natter, Nadines Arbeitskolleginnen und Arbeitskollegen im Murmann Verlag, Gabriele und Meike Gerlach vom Münchner Diary Slam (www.liebes-tagebuch.net), den Machern der Clubkinder Tagebuchlesungen in Hamburg (www.clubkinder.de), den Diary-Slam-Initiatoren der Frankfurter »Lesebühne des Glücks« (www.facebook.com/Lese buehneDesGluecks) – sowie allen unerschrockenen Vorlesern, die beim »Diary Slam« allmonatlich auf die Bühne treten und ohne die es diese Abende nicht gäbe.

Dorothee, 14 Jahre

Samstag, 21.5.94

Ich weiß' nicht warum, aber ich habe
mir heute geschworen in Hollywood
Karriere zu machen. Ich weiß, daß
das niemals in Erfüllung gehen wird,
aber es ist toll einen absolut irren
Traum zu haben, den man anstrebt.
Ich habe gerade im Fernsehen "Die
blonde Versuchung" gesehen. Mit
ALEC BALDWIN !!!
Dieser Mann sieht so geil aus. Also
echt diese Lippen. Ich werd' noch
verrückt. Ich will von jetzt ab jeden Zeitungs
Schnipsel von ihm sammeln und jeden
Film sehen, den er jemals gedreht hat.
Das vielleicht auch ein Grund für
meinen Hollywoodtick. Ich glaube nicht
daß ich jemals in Deutschland einen
wirklich gut aussehenden Typen kennenlernen
würde. Oder hab' ich hier jemanden wie
Kevin Costner, Liam Neeson, Joe Lando
oder eben Alec Baldwin rumlaufen sehen.
Nee, na also! Es ist ja nicht so, daß ich,

285

Nadine, 16 Jahre

Apropos diese Woche ist die letzte richtige
Schulwoche in meinem Realschulleben.
Danach fangen die Prüfungen an, ich würde
schreien, ich liebe die Schule. Ich glaube nicht.
Ich verhalte es so schwer wie ich von der
Schule abzugehen, aber die anderen haben ja
nur eine Lehrstelle.

Janine, 15 Jahre

Wenn es klapt.
Nach der Schule
will ich noch nicht
gleich in den Beruf
einsteigen ich will
velleicht es mal weg
von zuHause wenn
es klappt das ich bei
einer meine Lehr
Bands die ich mir
ausgesucht habe
1 Jahr mitzu
touren wäre das
schon super. Wenn
nicht würde ich gerne
ins AusLand für
einhalbes Jahr

oder ein ganzes gehen.
Wenn es geht für
halbe Jahre in 2 Ländern
Ja natürlich wäre mir
eine Tourne viel besser.
Jetzt muss ich nur noch
an meiner Ausdauer
und meiner Stimme
trainieren.
Ich will natürlich mein
Realschul abschuss
machen. Wenn es geht
mit einem doch. Ob dem
Prüfungen würde ich
gerne noch nach INland
gehen weil ich möchte
English besser sprechen
lernen. Das ich das mal
selber will ist ein